Toni Drexler

Vom Finsterbach zum Mississippi

Dem Schwobn-Girgl
sein abenteuerlicher Weg ins Amerika

BAUER-VERLAG
2021

Impressum

Autor: Toni Drexler

Gesamtherstellung: BAUER-VERLAG, Gennachstraße 1, 87677 Thalhofen
ISBN 978-3-95551-161-6

Fotos, Karten und Zeitungsausschnitte sind teils mehr als 100 Jahre alt. Eine perfekte Druckqualität war daher nicht immer zu erreichen. Wir bitten um Ihr Verständnis.
Alle Rechte vorbehalten. Falls wir Urheber von Texten und Bildern nicht ausfindig machen konnten, werden diese wegen nachträglicher Rechtsabgeltung um Nachricht gebeten.

Toni Drexler

Vom Finsterbach zum Mississippi

**Dem Schwobn-Girgl
sein abenteuerlicher Weg ins Amerika**

Zeichnung: Hans Stölzl

Inhalt

Zum Geleit: Prof. Dr. Wilhelm Liebhardt M.A.		6
Einleitung: Toni Drexler		8
1	Im Glasscherbenviertel	10
2	Kindheit in Ried und Hanshofen	12
3	Arbeit im Moos	18
4	„Hochwürdige" Pfarrer	21
5	Heirat in Hörbach	23
6	Geburt der Kinder	25
7	Wieder im Moos	26
8	Bierbuden im Moos	28
9	Die „Schmittn"	30
10	Ein Schuss in der Nacht	37
11	Einbruch in Dasing	40
12	Einbruch beim Kramer in Roßbach	42
13	Einbruch Kirche Bobingen	45
14	Einbruch im Pfarrhof Merching	48
15	Weitere Einbrüche	49
16	Das dickste Ding: Einbruch in die Wallfahrtskirche Grafrath	51
17	Aufregung in Grafrath und Umgebung	55
18	Diebesgut ins „Ausland"	59
19	Einbruch bei einem Kaufmann in Landsberg	60
20	„Besuch" im Pfarrhaus von Puchheim	61
21	Zwei Kircheneinbrüche im Schwäbischen	62
22	Zwei Einbrüche in der Heimat	63
23	Einbruch beim Pfarrer in Wenigmünchen	64
24	Einbruch in der Wieskirche	67
25	Kampf im Wasser und Finale	69
26	Diebstahl bei einem Gütler in Eurasburg	71
27	Im Untersuchungsgefängnis in der Au	72
28	Ausbruch aus dem Gefängnis	73
29	Fahndung nach Müller	75

30	Verhandlung in Augsburg	77
31	Das Urteil	80
32	Ab nach Amerika	82
33	Überfahrt mit der „Hammonia"	84
34	Endlich in Amerika	86
35	Manhattan	89
36	In Chicago	91
37	Milwaukee	94
38	Gerichtsverhandlung daheim	96
39	Verkauf des Anwesens in Hörbach	98
40	Ausreise der restlichen Familie	99
41	Namensänderung, ein Neuanfang	101
42	La Crosse am Mississippi	103
43	Letzte Nachricht vom Girgl/John	107
44	Die Familie des Sohnes in Menominee	108
45	Zum Schluss: eine Standortbestimmung	112

Übersichtskarte mit den verschiedenen Wohnorten der Familie Betzinger in den USA	116
Literatur und Quellen	117
Dem Girgl seine Leit	120
Ortsverzeichnis	124

Zum Geleit

Gewisse Räuber, Wilderer und Mörder leben im allgemeinen Bewusstsein - ob gerechtfertigt oder nicht - nicht nur als „böse Buben", sondern auch als populäre Rechtsbrecher, ja Volkshelden, neuerdings auch als „Sozialbanditen" und „Sozialrebellen" weiter. Schon Friedrich Schiller verfasste eine Geschichte mit dem Titel „Der Verbrecher aus verlorener Ehre".

Diese Außenseiter genießen unreflektierte Sympathie, weil sie mit ihren Rechtsbrüchen die ungeliebte Obrigkeit vordemokratischer Zeiten herausforderten. So gesehen, passt diese „Heldenverehrung" eigentlich nicht mehr in eine demokratische Gesellschaft. Sie sucht vielmehr nach sozialen Ursachen, weiß aber auch Gestalten wie den „bairischen Hiasl" Matthias Klostermayr (1736-1771), den Bandenchef Michael Heigl (1816-1857), den Wildschützen Georg Jennerwein (1848-1877) oder wie zuletzt den Räuber Mathias Kneißl (1875-1902) touristisch zu vermarkten. Dichtung und Wahrheit gehen dabei Hand in Hand.

Es gibt immer wieder Neuentdeckungen lange vergessener Räuberbanden in Bayern wie zuletzt der „Mühlbauer-Bande" des Andrä Mühlbauer (1796-1817), genannt „Kreuzlmacherbube", mit über 100 Bandenmitgliedern oder wie hier des „Rasso-Räubers" Georg Müller, genannt „Schwobn-Girgl".

Der Taglöhner und Torfstecher Georg Müller trieb mit seiner Bande von 12 Dieben und sechs Hehlern während der Anfangsjahre König Ludwigs II. (1864-1886) sein Unwesen beiderseits des Lechs, vor allem aber im Raum zwischen Mering, Landsberg und Fürstenfeldbruck. Großes Aufsehen erregte 1867 die Plünderung und Schändung des prachtvoll ausgestatteten Skeletts des Hl. Rasso in der Wallfahrtskirche Grafrath. Im Gegensatz zu seinen Kumpanen konnte er aus der Haft entfliehen und nach Amerika auswandern. Dort baute er sich mit seiner nachgekommenen Familie unter dem Namen John Betzinger eine neue Existenz auf. Im Staat Wisconsin verlieren sich seine Spuren. Die Familie gibt es bis heute.

Der Autor Toni Drexler, langjähriger Kreisheimatpfleger von Fürstenfeldbruck und ehemaliger Leiter des Bauernhofmuseums Jexhof, erwarb sich große Verdienste im Bereich der regionalen Archäologie, Heimatgeschichte und Volkskunde. 2002 veranstaltete er im Jexhof die Ausstellung „Im Wald da sind die Räuber. Kneißl, Hiasl & Co.". Seitdem ließ ihn das Thema nicht mehr los. 2007 erschien sein Buch „Die Rasso-Räuber. Vom Finsterbach zum Mississippi. Eine der letzten großen Räuberbanden Bayerns im 19. Jahrhundert". Daran knüpft er mit diesem neuen Buch an.

Das Buch versteht sich nicht als eine Neuauflage des Sachbuches von 2007, sondern vielmehr als historische Erzählung, die Wirklichkeit mit Fiktion verknüpft. Es ist auch kein Kriminalroman oder Heimatroman, weil die Fakten durch Recherchen in Akten und Tageszeitungen gesichert sind. Dem Autor gelingt es meisterhaft, in die Zeit, in die Nöte der „kleinen Leute" auf dem Lande einzuführen.

Prof. Dr. Wilhelm Liebhart M.A.,
Hochschule Augsburg

Einleitung

Historische Räuberbanden, seien es der „Bairische Hiasl" und dessen Anhang oder der „Räuber Kneissl", üben seit jeher eine starke Faszination aus. Die Outlaws haben schon immer die Phantasie der Menschen beflügelt und die Literatur über die berüchtigten Außenseiter ins Kraut schießen lassen. Lange Zeit gehörten sie, die gestrauchelten Hauptfiguren dieser Geschichten, zu den wenigen als Individuen hervorgetretenen Vertretern des gemeinen Volkes in der Literatur und in der Geschichtsschreibung. Von der offiziellen Geschichtsschreibung wurden sie dem Volk zur Abschreckung vorgeführt, doch dieses erkannte recht gut die gesellschaftlichen Umstände, die die Außenseiter zu Verbrechern werden ließen. Es ist wohl die gar nicht so seltene Mischung aus Abscheu und heimlicher Sympathie für deren vorgelebte Anarchie, die zu ihrer Unsterblichkeit im kollektiven Gedächtnis beigetragen hat.

Jedoch nicht alle Räuberbanden brachten es zu überregionaler „Anerkennung" und dauerhafter Verankerung im historischen Bewusstsein einer Region, besonders dann nicht, wenn deren Anführer nicht das Zeug für einen Volkshelden hergaben und den Akteuren kein sozialrevolutionäres Image anhaftete. Und wenn deren Anführer nicht gehenkt, verbrannt oder auf dem Schafott hingerichtet wurden, verblasste deren Ruhm recht bald.

Immerhin hat sich die Kunde von den Rasso-Räubern, um die es in dieser Geschichte geht, über einhundert Jahre im Volksmund der betroffenen Region erhalten. Als Kind hörte ich noch oft auf die Frage, wo ich herkäme, die Antwort: „So, aus Hurwa, vo' de Rasso-Steahla." Ähnlich erging es den Nachbarn von Hörbach, Nassenhausen und Adelshofen, Dörfer in der Nähe des Haspelmoors, deren Bewohner sich seit jeher mehr schlecht als recht durchgebracht haben. Was es mit dieser Bemerkung über die „Rasso-Steahla" auf sich hatte, wurde mir erst viel später durch die Beschäftigung mit der Geschichte der Räuberbande bewusst.

Diese historische Erzählung beruht im Wesentlichen auf der Erstveröffentlichung des historischen Stoffs in dem Büchlein „Die Rasso-Räuber" von 2007.[1] Jetzt habe ich mich jedoch überwiegend auf die Person des Kopfes der Bande Georg Müller, alias Schwobn-Girgl, alias John Betzinger, konzentriert und mir die Freiheit genommen, die gesicherten Fakten weiterzudenken - wie es wohl gewesen sein könnte und wie sich die Geschichte weiterentwickelt haben könnte.

---

[1] via-verbis-verlag, ISBN 10: 3935115237, ISBN 13: 9783935115230

Die Prozessakten sind leider im Staatsarchiv Augsburg nicht mehr vorhanden. Deshalb musste ich mehrere überregionale Tages- und Wochenzeitungen aus jener Zeit auswerten. Den größten Teil der Informationen über diese Räuberbande verdanke ich einem namentlich nicht mehr bekannten Journalisten der Augsburger Abendzeitung. Das Gros der Fakten fand ich in der Berichterstattung der Augsburger Postzeitung und des Augsburger Tagblatts.[2] Dazu kamen Recherchen im Bistumsarchiv Augsburg, im Archiv des Erzbistums München-Freising, in den Staatsarchiven München und Augsburg sowie in diversen Archiven in den USA via Internet.

Ich bedanke mich recht herzlich für die gute Zusammenarbeit mit Sepp und Elisabeth Bauer vom BAUER-VERLAG. Außerdem bedanke ich mich bei meiner Frau Gabi für ihre Geduld und Nachsicht, die sie mir entgegengebracht hat und für das Korrekturlesen. Und noch ein herzliches Dankeschön an alle Beteiligten, die hier nicht einzeln erwähnt werden.

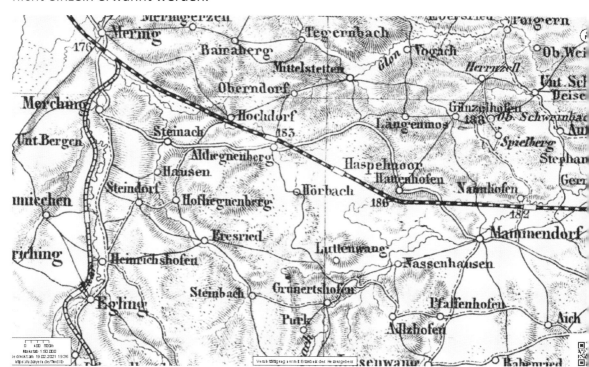

Die Gegend um Hörbach ca. 1900
Quelle BayernAtlas

---

[2] Staats- und Stadtbibliothek Augsburg, Augsburger Abendzeitung 1869, S. 948, 949, 982-984, 1006, 1007, 1012-1014, 1028, 1029, 1073-1075, 2232. Eine Kurzversion veröffentlichte ich schon 2002 im Katalog zur Ausstellung „Im Wald da sind die Räuber" im Bauernhofmuseum Jexhof.

1 Im Glasscherbenviertel

Es war Sonntag, ein langweiliger, aber von einer milden Herbstsonne vergoldeter Sonntag Mitte September 1860. Golden waren jedoch nur die von der Sonne bestrahlten Obstbäume. Richtiges Gold hatte er nur in Kirchen gesehen. Georg Müller, der im Dorf nur der Schwobn-Girgl genannt wurde, saß auf seinem Bankerl im Garten hinter seinem Haus. Es war eher ein Gärtlein, aber immerhin seins. Es war kurz vor Mittag, das Mittagessen, das seine hochschwangere Frau Maria bereitete, bestand aus Erdäpfeln und Kraut, vielleicht war auch ein bisserl Speck darin. Die Erdäpfel waren geklaut, beim nächtlichen Heimweg von der Arbeit. Die anderen Männer vom Dorf, die Bauern und Handwerker, waren beim Wirt. Er konnte sich das aber nicht leisten und außerdem mochte er es nicht, wenn sie ihn so schräg anschauten. Zuvor gingen alle in die Kirche, er war nur noch selten beim Sonntagsgottesdienst. Zum Schluss wünschte der Pfarrer den Gläubigen: „Der Herr sei mit euch ..." - doch auf seine Hilfe wartete er vergeblich.

Georg Müller, den alle nur Girgl nannten, hatte am 22. November 1859 in Hörbach die ledige Maria Schrott geheiratet, Tochter von Andreas Schöpf vom „Schwobn-Häusl", und wurde damit zum „Schwobn-Girgl". Nur der Pfarrer, der auch französisch sprechen konnte, nannte ihn manchmal nicht Girgl sondern Schorsch.

Das Anwesen „Beim Schwobn" war das geringste im Dorf, sowohl in Anbetracht des Hauses, des dazugehörigen Grundes als auch der Steuerkraft. Die Familie des Georg Müller stand am untersten Ende der dörflichen Hierarchie. Danach kamen nur noch die Bewohner der „Hüthauses", die Gemeindehirten. Wer hier landete, konnte nichts werden. Trotzdem war Georg froh, dass er hier voriges Jahr einheiraten konnte, so hatte er zumindest ein Kleinstanwesen mit etwa 500 m^2 (!) eigenem Grund. Ein Haus mit einem kleinen Garten, in dem man etwas Kraut, Kartoffeln, Bohnen und Erbsen anbauen konnte. Das Anwesen lag im „Glasscherbenviertel", dem Ortsteil, in dem die Randfiguren der Dorfgesellschaft lebten.

Das Häusl „Beim Schwobn", in das er eingeheiratet hatte, war ein Holzhaus mit Ziegeldach, in dem neben dem Wohnteil auch eine kleine Stallung enthalten war. Da hatte gerade einmal eine Ziege Platz, und so gab es immer auch etwas Milch und manchmal auch Butter. Das Gras holte sich die „Goaß" von den Wegrainen. Daneben gab es noch ein hölzernes, mit Brettern gedecktes Backhäusl. Und neben dem kleinen Misthaufen war das Scheißhäusl.

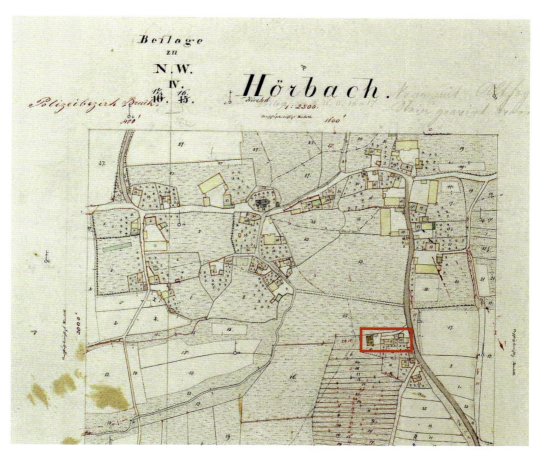

*Das Dorf Hörbach auf einer Karte des
Bayerischen Landesvermessungsamts München
Das Anwesen Hs.Nr. 11 in Hörbach um 1830*

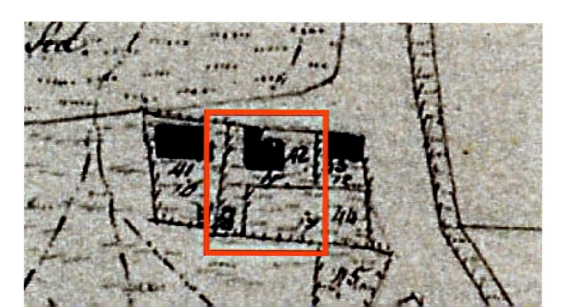

2 Kindheit in Ried und Hanshofen

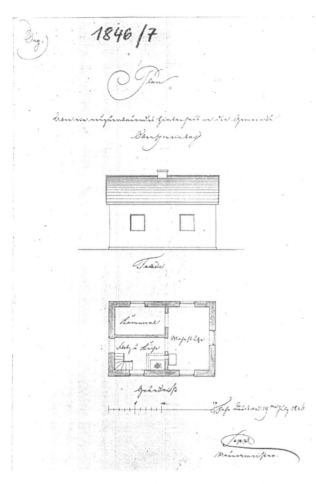

Plan für ein neu zu erbauendes Hirtenhaus in der Gemeinde Oberschweinbach von 1846. Es hatte nur drei Zimmer: Fletz (Hausflur) und Küche, Wohnstube und ein Kammerl. Die Wohnfläche betrug ca. 20 m².

Gegenüber dem, wo er herkam, war sein Häusl ein Aufstieg. Sein Vater war Gemeindehirte, also „Hüter", im nur zwei Stunden entfernten Ried. Dort ist Georg im Gemeindehüthaus aufgewachsen, besser gesagt: er ist in verschiedenen Hüthäusern der Region aufgewachsen. Die Hirten waren in der Regel nur ein Jahr bei der Gemeinde angestellt, danach mussten sie sich einen anderen Arbeitsplatz in einer anderen Gemeinde suchen. Auch der Großvater, Jakob Müller aus Sixtnitgern, war schon Hüter gewesen. Hüter waren die unterste Schicht der Dorfbewohner, abhängig von allen Bauern und der Gemeinde. Ihr Wohnhaus war das Hüthaus, das der Gemeinde gehörte und fast immer eine Bruchbude war. Das von Ried lag am Ostrand des Dorfes in gehörigem Abstand zu den ordentlichen Bauernanwesen.

Abends erzählte er manchmal seiner Frau, wie es so war in Ried, wie es da so zuging. Die Schule hatte er besonders schlimm in Erinnerung. Es waren mehr als 50 Kinder in einem Klassenzimmer, der Lehrer war mehr Dompteur als Pädagoge. Sein Lehrer war ein besonders brutaler Mensch gewesen, vorwiegend gegenüber den Hüterkindern und den sonstigen Armen: „Mei des war a Raucher.[3] As vierte Schuljahr hot er bei uns amoi durchghaut. Die ganzn Buam. Na is a nauf auf'd Bank, na hot a d'Hosn aufgspannt, an Spanischen Stecka hot er ghabt, na is losganga: ‚Schmalzkübl-Dudlsacks-Pfeiffer, Schmalzkübl-Dudlsacks-Pfeiffer', an jeder hot sechse naufkriagt, ‚Schmalzkübl-Dudlsackspfeiffer', bis er durch gwen is. Mir ham scho bereits in'd Hosn gsoacht vor lauter Angst. A andermal hot er (der Lehrer) gsagt: ‚Georg, geh raus!' Geh i naus, hot er mi scho beim Frack packt ... hot er gsagt: ‚Georg, du bist a Ochs! Sag's nach.' Na hob i zum Lehrer gsagt: ‚Du bisch a oaner!' Na hot er mi packt, unter die Tafel neigschmissn, wieder rauszogn und an Hintern ghaut, i bin ganz blau gwen. Aber dahoam hob i ma nix sogn traun, weil mi da Vater no besser ghaut hätt."[4]

Manchmal, nicht oft, gab's auch schöne Tage. Ein Höhepunkt im Jahreslauf war, wenn der Girgl mit seinem Vater an einem der Marktsonntage zum Markt nach Mering gehen durfte. Da gab es Sachen, die man sonst nicht kaufen konnte: bunte Kopftücher, edle Spitzen, feinen Schmuck, schöne Gläser, Körbe, Taschen und vieles mehr und zum Essen herrliche Süßigkeiten und Rosswürste. Doch er konnte diese nur anschauen, wenn nicht ein gnädiger Verkäufer ihm ein Würstl schenkte. Da gab es auch immer einen Zirkus, einfach so auf einem Platz ohne Zelt, mit Pferden und seltsam verkleideten Menschen, die auf Seilen herumturnten und über Pferde sprangen. Auch wurden Theaterstücke aufgeführt, deren Titel sich sehr interessant anhörten: „Der rothe Teufel in niedlicher Laune", „Das rothe Haus oder die Räuber in den Abruzzen" und „Die drei geprellten Liebhaber". Versteckt am Rande stehend, konnte er diese Vorführungen auch ohne Eintritt anschauen.

Daheim, am nächsten Tag, musste er wieder seinem Vater beim Viehhüten helfen, z. B. den Kühen hinterherlaufen und sie zurück zur Herde treiben.

Von Ried zog die Familie nach Hanshofen, in ein elendiges Nest bei Günzlhofen, etwa zwei Stunden entfernt von Ried. Dort übernahm sein Vater 1840 für ein paar Jahre die Hüterstelle. Georg war nun zehn Jahre alt, er hatte drei Geschwister, einen fünf Jahre jüngeren Bruder Anton, den wir noch kennenlernen werden, und die etwas älteren Halbgeschwister Maria Kappler und Donatus Kappler, die seine Mutter mit in die Ehe gebracht hatte. Die Mutter der Müller/Kappler-Geschwister, Creszentia Müller, geb. Huber, war vor ihrer Heirat Dienstmädchen in einem

---

[3] rauher = rauer Geselle
[4] nach Wolf, Interview

Haushalt in München gewesen. Dort gebar sie in einer Münchner Klinik 1823 den nichtehelichen Sohn Donatus und 1826 die nichteheliche Tochter Maria. Als Vater wurde in den Urkunden ein Donatus Kappler „Vagus", also Vagabund, angegeben. Tatsächlich hieß der Erzeuger Bartholomäus Kappler, dieser wohnte in Hörbach. Wahrscheinlich gab es diesen ominösen Donatus Kappler gar nicht, er war nur ein „Phantom" für die Beurkundung.

Zurück nach Hanshofen: Es war ein Weiler mit nur drei Höfen. Hier brauchten sie noch einen Viehhirten für die Rinder, manchmal auch für die Pferde. Die drei Bauern hielten noch an der in den meisten Dörfern schon abgeschafften Dreifelderwirtschaft fest. Es gab sehr ausgedehnte Äcker, weniger Wiesen. Die Ackerflur war aufgeteilt in „Sommerfeld", „Winterfeld" und „Brachfeld", was bedeutete, dass auf dem Sommerfeld nur Sommergetreide, auf dem Winterfeld nur Wintergetreide angebaut wurde und das Brachfeld zur Regenerierung brach liegen blieb. Dieses Brachfeld wurde von Rindern oder Schweinen beweidet. Daneben gab es noch die Almende, hier als „Gmoa" oder „Gmoa-Anger" bezeichnet. Es waren Weiden, die der „Gmoa", also allen Dorfbewohnern, als Gemeinschaftsbesitz gehörten.

Ins Brachfeld und in die Gmoa-Weiden trieb der Gemeindehirte, der Hüter, das Vieh der Bauern. Dafür bekam er an bestimmten Tagen von den Bauern seinen Lohn, zum größten Teil in Naturalien, so z.B. pro Woche einen Laib Brot, etwas Butter, manchmal auch einen halben Liter Milch und - wenn verfügbar - auch ein paar Äpfel. Auch konnte man noch einige Naturalien auf den abgeernteten Feldern finden, und wenn keiner in der Nähe war, konnte man auch ein paar Erdäpfel vom Nachbarfeld mitgehen lassen. Alles andere musste man sich erbetteln. Die Kinder entwickelten hierin bald besondere Fähigkeiten.

Ausgetrieben wurde von Georgi (23. April) bis Martini (11. November). In den 30er und 40er Jahren endete in den meisten Dörfern die alte Dreifelderwirtschaft: Der Flurzwang wurde aufgehoben - es konnte nun jeder Bauer wo und was er wollte auf seinen Äckern anbauen, auf den früheren Brachfeldern wurden Ackerfrüchte wie Rüben, Kartoffeln oder Klee angebaut, und damit standen diese Äcker als Weideland nicht mehr zur Verfügung. Die alte Almende wurde aufgelöst und die Grundstücke auf alle Anwesen gleichmäßig aufgeteilt. In manchen Orten wurde früher noch die Waldweide praktiziert. Doch auch diese verschwand allmählich durch den langsamen Umbau der Wälder, von lichten Buchen-Eichen-Mischwäldern zu dichten Fichtenwäldern. Durch all diese Veränderungen in der Landwirtschaft wurde es eng für die Viehhirten, immer weniger waren nötig.

Manchmal hatte Girgls Vater etwas im etwa eine Stunde entfernten Hattenhofen zu erledigen. An einem Sonntag im Herbst war es mal wieder so weit. Die beiden jüngeren Buben durften mitgehen. Girgl erinnert sich, dass er schon vor ein paar Jahren - er war gerade acht Jahre alt - mal in Hattenhofen war. Da wurde gerade die Eisenbahnstrecke von München nach Augsburg gebaut. Dort schufteten Hunderte Arbeiter mit Pickeln und Schaufeln. Sie füllten Körbe mit Erde, die sie dann mit Schubkarren zu den Ochsenkarren fuhren, um dort alles auf die Wagen zu kippen. Dauernd fuhren Ochsengespanne mit Fudern voll Erde vorbei. Die Arbeiter gruben einen ca. eine halbe Meile langen und ca. 20 Schuh (ca. 7 m) tiefen Durchstich durch den Mühlberg, einen Hügel südlich von Hattenhofen. Georg hatte so etwas noch nicht gesehen, es war eine Großbaustelle mit so vielen fremden Leuten. Sein Vater sagte: „Bua, schau da des o, do grabn s' an halberten Berg ab, blos damit a paar Großkopferte mit da Eisabah nachad do durchfahrn kenna. Des san doch lauter Spinnerte ..."

Inzwischen war der Durchstich fertig, und der Lehrer in der Schule erzählte ihnen, dass dort Züge mit Dampflokomotiven fahren, drei am Tag, an Sonn- und Feiertagen auch vier. Um ca. vier Uhr kam der Zug aus Augsburg und etwas später der aus München. Die wollte Georg jetzt sehen. Über den Durchstich durch den Mühlberg hatte die Eisenbahngesellschaft eine Holzbrücke mit einem massiven Geländer gebaut. Dort stand er nun mit seinem Bruder und wartete auf den Zug. Fauchend und schnaubend kam er aus Richtung Augsburg recht bedrohlich auf sie zu. Im ersten Augenblick bekamen sie es fast mit der Angst zu tun, als der Zug mit viel Getöse unter der Brücke durchfuhr. Doch Girgl fasste sich bald und schaute sich den Zug genau an. Nach der Rauch spuckenden Lokomotive und dem Tender kamen die Waggons der besseren Klassen, die ein Dach hatten. Dahinter folgten die offenen Wagen der 3. Klasse, die fast voll besetzt waren. Girgl war beeindruckt. Zu seinem Bruder sagte er: „Dem Gegenzug bereit'n mir an besonderen Empfang." Beide hatten einen gehörigen Drang zum Bieseln. „Bis zum Gegenzug verhalt'n mir's no", meinte der Ältere. Als der Zug kam, ließen sie's laufen, die Passagiere kamen in den Genuss eines „warmen Regens". Dann hauten die beiden so schnell wie möglich ab.
Es gab in Hanshofen fast keine gleichaltrigen Kinder, nur den etwa 15-jährigen geistig behinderten Jungen, den sie alle nur „Drummldauberer" nannten; wie er richtig hieß, wussten sie nicht. Er lief halt so mit, wenn er und sein Bruder mal wieder was ausheckten. Sonst wussten sie nicht viel mit ihm anzufangen.

Im nur eine Stunde entfernten Kloster Spielberg befand sich ein riesiger Obstgarten, dieser lag am Ortsrand und war vom Kloster aus nicht überall einzusehen.

In ihm gab es wahre Schätze: Äpfel, Birnen, Zwetschgen und Kirschen. Wenn Gebetszeiten im Kloster waren, schlichen sich Girgl und sein Bruder Toni abends in den Garten und stopften sich die Jackentaschen voll mit Obst. Einmal hätte sie der Verwalter beinahe erwischt, doch sie waren schneller als er. Als sie weg waren, grummelte er nur vor sich hin: „Des warn s' scho wieder, de ausg'schamten Saubuam, de Hüatabuam, de drekatn ..."

Nach zwei Jahren konnte die Familie wieder nach Ried in das alte Hüthaus zurückkehren, Girgl war froh darüber. In Ried war doch mehr los. Hüterkinder wurden im Dorf immer schief angesehen. Da Girgl für sein Alter aber relativ kräftig war, konnte er sich bei so mancher Rauferei mit anderen Dorfkindern behaupten und sich einen gewissen Respekt verschaffen. Zudem kannte er sich in allen Winkeln des Dorfes aus und wusste, wo und wie man sich daraus Vorteile verschaffen konnte.

Die Mutter der beiden, Creszentia Müller, geb. Huber, war verwandt mit dem Kappler Bartholomäus von Hörbach, weshalb man diesen manchmal dort besuchte. Er war Weber und bewohnte das Nachbaranwesen der Müllers, das „Thannenwebergütl", ein ebenso winziges Anwesen wie das „Schwobn-Häusl". Kappler war Leinweber; in Hörbach gab es um 1850 noch vier Weber, früher waren es wesentlich mehr gewesen. Auch sie waren am unteren Ende der Dorfhierarchie angesiedelt. Ihr Einkommen war gering, da die Preise für ihr gewebtes Leinen die Aufkäufer aus der Stadt bestimmten. Früher gab es zahlreiche Leinweber in den Dörfern am Lechrain, doch durch den vermehrten Import von Baumwolle - und damit verbunden die aufstrebenden Tuchfabriken in Augsburg - waren Leinenstoffe immer weniger gefragt.

Weber waren oft von Gicht oder Asthma geplagt, da ihre Webstube meist tiefer gelegt war, was zur Folge hatte, dass eine höhere Luftfeuchtigkeit im Raum herrschte. Dies war für die Verarbeitung des Leinens günstig, für die Arbeitenden jedoch höchst gesundheitsschädlich. Auch der Bartl litt sowohl an der Gicht wie auch am Asthma. Hustend und fluchend schimpfte er auf alles, das ihm Tag für Tag in die Quere kam, und über die Scheißarbeit, die er nur unter Schmerzen verrichten konnte. Zu allem Übel brannte ihm auch noch 1851 sein Haus bzw. sein Häuschen ab. Mit Hilfe der Nachbarn und Verwandten baute er wieder ein neues Holzhaus mit Strohdach auf. Bis er dort einziehen konnte, wohnte er beim Nachbarn, beim „Schwobn". Trotz allen Widrigkeiten wurde er 74 Jahre alt, er starb 1865.

Weber am Webstuhl, 1884
Vincent van Gogh, Öl auf Leinwand
Kröller-Müller Museum, Otterlo, Niederlande

Als die Müllers wieder einmal den Bartl in Hörbach besuchten, bemerkte Girgl die Nachbarstochter, die nun kein Kind mehr war. Sie hatte schon ein recht frauliches Aussehen, war hübsch und hatte ein fröhliches Wesen. Beim Bemerken blieb es nicht, bald suchte er öfter einen Vorwand, um nach Hörbach gehen zu können, um Maria zu besuchen.

3 Arbeit im Moos

Als Georg 16 Jahre alt wurde, ging er „ins Moos". Zuvor hatte er seinem Vater beim Viehhüten geholfen. Nun arbeitete er als Torfarbeiter im staatlichen Eisenbahn-Torfstich im Haspelmoor. Von April bis Oktober ging er frühmorgens noch vor Sonnenaufgang ins Moos zum Torfstechen. Er „wohnte" nun in einer winzigen Kammer beim Bartl in Hörbach. Nur manchmal, am Sonntag, ging er zu seinen Eltern nach Ried. Das Haspelmoor - seine Arbeitsstelle - war nicht sehr weit entfernt von Hörbach, nur etwa eine halbe Stunde. Vor sechs Jahren, 1840, war die Eisenbahnverbindung zwischen München und Augsburg zum Oktoberfestbeginn eröffnet worden. Es war die erste kommerziell betriebene Eisenbahnstrecke in Bayern; die wenige Jahre zuvor eröffnete Verbindung zwischen Nürnberg und Fürth war ja nur ein Pilotprojekt. Die Trasse führte durch das Haspelmoor, was damals weit über Deutschland hinaus als technische Meisterleistung gewürdigt wurde, war es doch erstmals gelungen, einen Schienenweg durch ein sumpfiges Moor zu errichten. Die ersten Lokomotiven wurden mit importierter Steinkohle aus Sachsen und Böhmen beheizt. Bald überlegte sich die Eisenbahnverwaltung jedoch, die Lokomotiven mit anderem, eigenem Brennmaterial zu befeuern. Zunächst versuchte man es mit Holz, was jedoch zu enormen Preissteigerungen für Brennholz führte und bald wieder aufgegeben wurde. Dann wurde Torf als mögliche Energiequelle für die Bahn entdeckt. Bereits 1846 pachtete die Eisenbahnverwaltung einen großen Teil der Moorfläche zur Torfnutzung. Es entstand ein regelrechter Industriebetrieb im Haspelmoor, das bei der umliegenden Bevölkerung nur „das Moos" hieß. Das Moos liegt gleichsam vor der Haustür Hörbachs. Es war der menschenverschlingende Moloch, der allen, die dort schufteten, alle Lebensenergie aussog. Für die Schönheiten dieser Landschaft hatte Georg keinen Blick, was wir heute romantisch nennen, war für ihn nur wilde Natur, die ihn aufzufressen trachtete.

Der Bau durch das ziemlich tiefe und nasse Moos war eine Pionierleistung der damaligen Ingenieurskunst. Es wurden zahlreiche Entwässerungsgräben angelegt, um überhaupt die Bahntrasse durch dieses Moos führen zu können. Dies wiederum ermöglichte nun, auch in den angrenzenden Moorflächen Torf abzubauen. Anfangs, in den 50er Jahren, waren über tausend Arbeiter, die aus allen Landesteilen Bayerns kamen, hier beschäftigt. Sie kamen aus den ärmsten Gegenden, dort wo der Boden nicht genug hergab, um zu überleben, wo nur die Alternative bestand, sich in Armut durchzuschlagen oder auszuwandern: der Oberpfalz, dem Fichtelgebirge, dem Bayerischen Wald und dem Donaumoos. Alle aus den Armenhäusern des Landes. Sie lebten, oder besser vegetierten hier, untergebracht in Scheunen und Städeln der umliegenden Dörfer, in äußerst prekären Verhältnissen, was natürlich auch zu Spannungen mit der dort ansässigen Bevölkerung führte. Da hatte Georg es noch relativ gut, da er in Hörbach ein Unterkommen bei einem Verwandten hatte.

Ein Berichterstatter schrieb, dass die staatliche Torfgewinnungsanstalt nur die Gewinnmaximierung im Auge habe. *„Ihre Aufgabe ist es, möglichst viel und möglichst wohlfeil zu produzieren und sie stellt sich in diesem Fall ganz auf den Standpunkt des industrietreibenden Privatmanns - obwohl dem Schreiber dieses kein Etablissement, weder des In- noch Auslandes bekannt ist, wo weniger für die Arbeiter gesorgt ist wie hier, und wo sie inhumaner und roher behandelt werden, als im Haspelmoor. Darum, was aus den Leuten wird, die man kommen läßt, wo sie untergebracht, wie sie verpflegt werden, und ob und wieviel sie verdienen, darum hat sich wenigstens bisher die Verwaltung nicht bekümmert."*

Die Eisenbahnverwaltung hatte es nicht für nötig befunden, ihnen Unterkünfte zu errichten, sie „wohnten" in den Häusern, Städeln und Ställen der umliegenden sieben Dörfer unter miserablen Bedingungen. Dazu kam, dass sie im Taglohn bezahlt wurden, was zur Folge hatte, dass, wenn es mal 14 Tage regnete, sie keinen Kreuzer verdienten und dies wiederum Bettel und Diebstahl nach sich zog. Die einheimische Bevölkerung war verärgert über die einquartierten Torfarbeiter. Die Leute schimpften über „die Bagage im Moos", die ihnen das Kraut und die Erdäpfel von den Feldern klaute. Ihr Zorn richtete sich aber auch auf die Dreistigkeit der Behörden, die ihre Dörfer so belasteten.

Die Region wurde quasi über Nacht von einer bäuerlich geprägten Ständegesellschaft in die aufkommende Industriegesellschaft katapultiert. Es entstanden - wenn auch äußerst prekäre - Verdienstmöglichkeiten für die, die nicht in sichere bäuerliche Existenzen eingebunden waren: es gab Arbeitsmöglichkeiten für Taglöhner, Knechte und nachgeborene Kinder. Und die dörflichen Autoritäten (Großbauern, Pfarrer, Lehrer etc.) hatten Schwierigkeiten, mit dieser neuen Situation umzugehen. Nun kamen Menschen aus anderen Gegenden und mit anderen Konfessionen in das festgefügte Sozialgefüge der Dörfer.

Der Abgeordnete Graf Friedrich von Hegnenberg-Dux, der die Verhältnisse im nahe gelegenen Haspelmoor aus eigener Ansicht kannte und sich für eine Verbesserung der Arbeitssituation einsetzte, beschrieb die Situation: *„Bedenkt man nun, daß dieser Zustand bereits seit Jahren dauert u. deßen möglicherweise noch Dezenien fortdauern kann, so ist die Frage erlaubt: was soll aus diesen, bisher in jeder Hinsicht guten Gemeinden werden? - Kann es der Staat verantworten, sie einem sicheren moralischen Verfalle preis zu geben, um seine Torf-Ausbeute im Haspelmoor auf ihre Kosten zu sichern oder ist er nicht vielmehr verpflichtet, jedes mögliche Mittel anzuwenden, um diesen Theil seiner Angehörigen von einer Last zu befreyen, die in pekuniärer Hinsicht die Natur einer perpetuirlichen Steuer, in sittlicher Beziehung aber den Charakter einer förmlichen Erziehungs-Anstalt für Lumpen angenommen hat!"* So der gestrenge Herr Abgeordnete.

4 „Hochwürdige" Pfarrer

Wenn er die Eltern besuchte, kam Girgl auch durch Mittelstetten. Manchmal schaute er bei der schon alten Hüterin Theres Eisenhofer vorbei. Zu ihr kam öfters eine junge, ledige Nachbarin, Christina Müller. Sie ging der Theres zur Hand und war eine sehr aufgeweckte und lustige junge Frau. Manchmal blieb er auch über Nacht dort und ging dann erst am nächsten Morgen weiter.

In Hörbach gehörte er mit der Zeit zu denen vom Glasscherbenviertel. Er „ging" schon einige Zeit mit seiner Maria vom Nachbaranwesen. Damals gingen sie auch noch in die Kirche und an den hohen Feiertagen zum Beichten. Früher gehörte Hörbach noch zur Pfarrei Hochdorf. Dort residierte der Herr Hochwürden Pfarrer Jakob Kellner, ein gestrenger, meist grantiger Geistlicher und großer Genießer. Den leiblichen Genüssen war er nicht abgeneigt, seine Körperfülle zeugte davon. Girgl beichtete wahrheitsgemäß, dass er manchmal mit einer Schlinge Hasen gewildert hatte. Der Herr Hochwürden rügte das, gab ihm eine Buße von fünf Vaterunser auf und fügte dann noch leise hinzu: „As nächste Mal bringst mir a oan, sollst es net bereuen. Aber beichten muast es." Girgl kam nicht mehr dazu, ihm diese Bitte zu erfüllen. Zuhause berichtete ihm seine Maria, dass ihr Vater ihr von einem Hochdorfer Pfarrer erzählt hatte, der ständig wilderte, ja, der sogar mit der Flinte zur Frühmesse nach Hörbach ging.

Bis 1866 bestand die gemeinsame Pfarrei Hochdorf-Hörbach. Die beiden Orte waren dadurch aufs Engste miteinander verknüpft. Die Gläubigen der beiden Orte waren bei Strafe verpflichtet, den Sonntags-Gottesdienst jeweils nur in Hörbach oder Hochdorf (je nachdem, wo er gerade gehalten wurde) zu besuchen, obwohl zwischen beiden Orten die Pfarrei Althegnenberg lag. Es gab mehrere Versuche, den Pfarrsprengel zugunsten von Althegnenberg zu ändern, jedoch wurde dies jeweils vom Bischof abgelehnt. Dadurch, dass diese Pfarrei zwei Dörfer umfasste und mit großem Grund- und Waldbesitz ausgestattet war, gehörte sie im 17. und 18. Jahrhundert zu den reichsten Pfarreien des Dekanats.[5] Deutlich sichtbar ist dies immer noch an dem Pfarrhof, den man eher für ein Barockschlösschen eines Landadeligen als für einen Pfarrhof halten könnte.

---

[5] „Beschreibung der Gemeindegrenze, Rechte und Gerechtigkeiten der liegenden Güter und Besitzungen der Gemeinde Hörbach», angefertigt im Jahre 1859 (Bistumsarchiv Augsburg Pfarrei Hörbach)

Erst 1857 nahm diese seit dem 16. Jahrhundert bestehende pfarrliche „Ehe" zwischen den zwei Dörfern ihr Ende: Durch eine großzügige Stiftung der „Scheuringerbauern"-Eheleute Franz und Maria Schmid konnte am 10. Juni 1857 ein Kuratbenefizium, eine Art Vorform einer Pfarrei, in Hörbach errichtet werden. Der bisherige Kaplan von Merching, Matthäus Neumair, bezog an einem heißen Junitag 1857 den neuerbauten Pfarrhof in Hörbach. Mit ihm zogen zwei Haushälterinnen ein: seine ein Jahr jüngere Schwester Johanna und die noch jüngere Katharina Herkommer aus Weilheim.

Durch ein Dekret von König Ludwig II., ausgestellt am 4. November 1865 in Hohenschwangau, wurde das Kuratbenefizium zur Pfarrei zu erhoben. Am 23. August 1866 wurde der erste Pfarrer der neuen Pfarrei, Matthäus Neumair, von Bischof Dr. Pankratius von Dinkel feierlich eingesetzt. Bei der feierlichen Einsetzung hielt Herr Pfarrer Keller eine Ansprache an das Volk und empfahl die Herde der besonderen Obhut des neuen Herrn Benefizianten, worauf von ihm eine hl. Messe zelebriert wurde.

5 Heirat in Hörbach

Als er mal wieder bei seiner Nachbarin Maria war, fasste sich Girgl ein Herz und meinte: „Mir kunntn doch heiratn, in dem Kammerl beim Bartl, des is koa Zukunft..." Sie war einverstanden, und so heirateten sie ohne großes Aufsehen am 23. November 1859[6] in der Pfarrkirche Hörbach. „Georg Müller, geboren in Ried, kgl. Bezirksamt Friedberg willst du die Jungfrau Maria Schrott ehelichen? Ja. Und du Maria Schrott willst du den Jüngling Georg Müller ehelichen? Ja...." (Maria hieß nicht wie ihre Eltern, da sie als „ledige" - also uneheliche - Tochter ihrer Mutter mit in die Ehe gebracht wurde). Der alte Pfarrer Keller traute die beiden in der Pfarrkirche Hörbach.

Bei den Vorbereitungen zur Hochzeit lernte er auch den neuen Herrn Benefizianten kennen. Der junge Geistliche war nur vier Jahre älter als Girgl, sie waren sich irgendwie sympathisch. Er war kein so gestrenger Herr wie der alte Pfarrer. Auch verstand er die Nöte derer, die nicht auf der Sonnenseite des Lebens standen, besser.

Es war ein grauer, unwirtlicher Novembertag, ein Dienstag, an dem sie heirateten. Zuerst die Trauung in der Kirche in Hörbach, Georgs Freund Max Veit spielte für sie auf der Orgel, danach ging's zum Wirt. Kein großer Aufwand, kein Brautkleid, keine Blasmusik, kein Hochzeitslader, keine große Gesellschaft. Ganz anders als bei einer großen Bauernhochzeit, so wie bei der, bei der er vor ein paar Jahren in Baindlkirch eingeladen war. Eher per Zufall, weil sein Vater, der mit dem Hochzeiter weitschichtig verwandt war, nicht wegkonnte. Girgl kam damals mit einem Mords-Rausch heim, denn so eine Gelegenheit, einmal gut und genügend zu essen und zu trinken, ließ man sich nicht entgehen. Zuerst hatte es Suppe mit Einlage gegeben, dann Weißwürste, auch eine große Blutwurst auf Kraut wurde auf jeden Tisch aufgetragen. Dann kam das Hauptgericht: gesottenes Rindfleisch und Schweinefleisch mit Kraut, worauf der erste Tanz, der „Krauttanz", folgte. Wehe der Dorfschönen (oder weniger schönen), die hier sitzen bleiben musste, sie wurde zum Gespött der Gäste, denn sie „hat's Kraut hüten müssen", also keinen gekriegt. Der Service der Wirtschaft hielt sich in Grenzen: alle Gäste brachten ihr Besteck und einen hölzernen Teller selbst mit. Danach konnte man auf diesem das ganze Menu ablesen. Nach einer einstündigen Mittagspause erschien auf der

---

6 Eintrag in den Heiratsmatrikeln der Pfarrei Hochdorf, im Familienbuch der Pfarrei Hörbach ist der 22. November angegeben

Tafel des Gastmahls „saures Fleisch", an das sich der „Nachmittagsbraten" anschloss; ausgehöhlte Semmeln, mit Zwetschgen gefüllt, bildeten den Schluss des Mahls. Der Braten mit den Semmelzwetschgen wurde im „Bschoaddiachal" für die Daheimgebliebenen mit nach Hause genommen.[7]

Auf Georgs Hochzeit gab's nur einen Schweinsbraten mit Knödeln, ein paar Halbe Bier und vom Wirt ein Schnapserl. Es war ja auch eine überschaubare Hochzeitsgesellschaft: sein Vater, sein Bruder Toni, die Mutter seiner Frau und der Nachbar Bartl.

Am nächsten Tag ging er wieder „ins Holz", Holzarbeit für den Huberbauern. Die Zeit danach gab's dann keinen Schweinsbraten am Sonntag mehr, nur „Knedl" mit Kraut oder „Erdäpfl" mit Kraut. Doch wenn vor Weihnachten geschlachtet wurde, da bekamen auch die Armen etwas ab. Vom Huberbauern bekam er immer ein paar Leber- und Blutwürste und ein Stück „Greichats".[8]

Ende Mai 1860 bat der Pfarrer ihn, er solle in den Pfarrhof kommen. Dieser war ja nicht weit von seinem Heim entfernt. Er bat ihn, Platz zu nehmen, und eröffnete ihm ohne Umschweife, dass er von der Pfarrei Mittelstetten informiert worden sei, dass am 18. Mai eine Christina Müller aus Mittelstetten einen Sohn geboren habe, der auf den Namen Bernward getauft wurde und dessen Mutter Georg als Vater angegeben habe. Girgl versuchte sich nicht rauszureden und meinte nur, es sei ja vor seiner Heirat gewesen und es könne schon sein, dass er der Erzeuger sei. Weitere Folgen, meinte der Pfarrer, seien nicht zu erwarten, da das Kind bei den Großeltern aufwachsen werde. Neumair versprach auch, dass er die „Sache" nicht bekannt geben werde. Erleichtert ging Georg nach Hause; den früheren Pfarrer hätte er dafür schon mit einem gewilderten Hasen bestechen müssen.

Er ging jetzt manchmal wieder in die Kirche, an den hohen Feiertagen, Weihnachten, Ostern und Pfingsten, schon allein deshalb, weil dort die Orgel so schön erklang.

---

[7] Gotthard Kraus, Altbrucker Bauernhochzeit
[8] Geräuchertes

6 Geburt der Kinder

Georg versuchte, aus seinem kleinen Sachl was zu machen. Bereits im Jahr nach seiner Einheirat errichtete er einen Anbau, „um eine Tenne und ein Wohnzimmer zu gewinnen", wie es in den Papieren hieß. Die Umfassungsmauern waren nun gemauert und der Giebel verbrettert. Und fünf Jahre später baute er noch eine hölzerne Remise an. Ganz bescheiden ging es aufwärts.

Im Oktober 1860 kam seine erste eheliche Tochter, Theresa, zur Welt. Eineinhalb Jahre später, im April 1862, wurde sein Sohn Georg geboren, ein kräftiger Bub, an dem Girgl seine Freude hatte. Im Juli 1865 kam dann die Tochter Elisabeth zur Welt und im Juni 1868 wurde der Sohn Anton geboren, der jedoch drei Wochen später schon verstarb. In dieser Zeit war das kein großes Drama, es war Alltag, dass manches schwächliche Kind früh starb. Man tröstete sich mit der lapidaren Bemerkung: „Des werd a schens Engerl."

Mit ihren Kindern ging Maria, sobald diese laufen konnten, viel hinaus, meist in den Wald oder ins Moos. Im Moos gab's Blaubeeren[9] und „Moosapferl"[10] und in den Wäldern „Schwammerl",[11] Himbeeren und Brombeeren. Außerdem fanden sie reichlich Materialien, die sich als Spielzeug verwenden oder umbauen ließen: Stöcke, „Butzküa"[12] oder Kastanien. Ihr Mann, als Hütersohn, wusste natürlich auch Stellen, wo besondere Gräser oder Kräuter wuchsen, auf die sich ihre heimische „Goaß" freute.

---

[9] Heidelbeeren
[10] Moosbeere, ist vor allem unter der englischen Bezeichnung Cranberry bekannt
[11] Pilze
[12] Tannenzapfen

7 Wieder im Moos

Erst etwa zehn Jahre nach Beginn der Torfarbeiten, 1857, entschärfte sich die Lage im Haspelmoor durch den Einsatz einer Dampfpresse und Werkslokomotiven. Der Torf wurde nun nicht mehr durch Handarbeit gestochen, sondern ein Dampfpflug riss die vorher von Bewuchs befreite Moorfläche auf, und durch Eggen und nochmaliges Pflügen wurde die gelockerte Torfschicht an der Luft getrocknet, dann in Wagen verladen und zu den Vorratshäusern transportiert. Ab 1856 wurde der Torf mit geheizten Zylindertrocknern zu Briketts gepresst. Ein Brikett wog ca. 350 Gramm, 1857 wurden ca. 30 Mio. Stück im Haspelmoor produziert. Nötig hierfür war ein Maschinenhaus mit einer Dampfmaschine, mehrere Maschinen zum Verreiben und Pressen des Torfs, einige Trockenöfen, Schienengeleise und Transportwagen. Erstellt wurden diese von der Firma Maffei in München. Ein regelrechter Industriebetrieb entstand. Dadurch wurden nur noch 60 bis 70 Arbeiter benötigt. Diese konnten nun auch aus den umliegenden Dörfern rekrutiert werden. Die Wut der Bevölkerung ebbte allmählich ab, auch weil es nun Verdienstmöglichkeiten außerhalb der Landwirtschaft gab.

Torfstich im Haspelmoor um 1900

Am Montag musste Georg wieder „ins Moos" zum Torfstechen für die Eisenbahn. Es war eine Scheißarbeit, von morgens 5 bis abends 20 oder manchmal auch bis 21 Uhr. Wenn er heimkam, war er fertig. Er war gesund, kräftig, mit seinen 30 Jahren im besten Mannesalter, und trotzdem geschafft von der Schinderei im Moos. Er war einer von den vielen armen Schluckern, die tagein, tagaus Torf stachen für die Eisenbahn.

Nicht weit von seinem Anwesen entfernt schlängelte sich der kleine Finsterbach durch den Ort. Vor ein paar Wochen hatte er auf seinem Heimweg von der Arbeit einen kleinen Umweg zu einer schön mit Erlen und Weiden eingewachsenen Stelle gemacht, eben an diesem Finsterbach, wo man, unbemerkt von der Umwelt, sich aus einer „Gumpen" mit den bloßen Händen eine Forelle herausholen konnte. Da war er schon öfters gewesen, einmal hatte ihn ein Gerichtsdiener vom Hofmarksherrn, dem Herrn Grafen, erwischt, dem er nur mit Müh und Not noch entkommen war. Seitdem war er noch vorsichtiger und kam erst bei Einbruch der Dämmerung. Manchmal brachte er nur ein paar Frösche für den Kochtopf heim.

8 Bierbuden im Moos

Die Arbeit im Moos war hart. Manchmal musste er mit anderen die frisch gerodeten Flächen von Holz und Wurzeln abräumen, ein andermal auch den gestochenen Torf in die Torfpressmaschine einwerfen. Bei schwülem Wetter, wenn man seine Jacke auszog und ins Gras legte, konnte man eine Überraschung erleben, zum Beispiel, dass sich eine Kreuzotter in der Jackentasche eingenistet hatte.

Wenn man nicht aufpasste, konnte es schon passieren, dass man den Arm in die Maschine brachte, und dieser dann amputiert werden musste, was mehrmals geschehen ist. Auf jeden Fall war es immer eine schweißtreibende, gefährliche und meist sehr staubige Arbeit. Mehrmals sprach Georg beim Chef der Torfgewinnungsanstalt Johann Nepomuk Zaspel vor, dass er eine andere Arbeit möchte, dass er ihn doch als Streckengeher bei der Bahn vorschlagen möge. Es wäre ein Arbeitsplatz mit einer gewissen Sicherheit für die Zukunft gewesen. Allein ohne Erfolg, jedes Mal bedeutete Zaspel ihm, dass er dafür nicht geeignet sei, warum, sagte er nicht.

Nach der Arbeit traf Girgl sich in einer der drei Wirtsbuden mit einigen Kollegen. Dort waren sie unter sich und mussten sich nicht den scheelen Blicken der Dorfbevölkerung aussetzen. In diesem Milieu lernte er einige Torfarbeiter kennen, die ähnliche Biografien aufwiesen wie er. Viele aus dem Fichtelgebirge und der Oberpfalz erzählten ihm von Verwandten die „ins" Amerika ausgewandert waren und dort manchmal auch glücklich wurden. Auch zwielichtige Gestalten verkehrten in diesen Wirtsbuden, die weitab vom Dorf lagen. Wer dort ein und aus ging, war außerhalb der Sozialkontrolle des Dorfes. In der Wirtsbude des Försters Xaver Landherr im Rotmoos, dem nördlichen Teil des Haspelmoors, in der es nur Bier, Schnaps, Würste und Brot gab, gingen auch große und kleine Verbrecher ein und aus. Einer war nach einem Raubüberfall bereits am selben Tag beim Kartenspielen in dieser Wirtsbude im Moos festgenommen worden.

In der „Bierbude vom Landherr" lernte Georg auch Elisabeth Pschorr kennen. Sie war eine Tochter aus einem „besseren" Anwesen in Mittelstetten, aus einem Hof mit über hundert Tagwerk. Schön war sie zwar nicht gerade, aber sie hatte Gefallen am Girgl gezeigt. Bald entwickelte sich zu ihr eine intime Beziehung, die sich später als sehr problematisch herausstellen sollte.

Vor ein paar Tagen, es war Sonntag, da war er mal wieder in der Bierbude gewesen. Seine Arbeitskollegen aus Nassenhausen und Adelshofen überredeten ihn, er solle doch mitkommen, sie bräuchten einen vierten Mann zum Karteln. Sie spielten Tarock, nur um ein paar windige Kreuzer. Viel konnte er da nicht gewinnen, aber auch nicht viel verlieren. Es waren ein paar entspannte und lustige Stunden in ungezwungener Gesellschaft. Als mittags das „Betleuten"[13] von den umliegenden Kirchtürmen zu hören war, erzählte Franz aus Nassenhausen, was ihm vor Kurzem bei ihm zu Hause in der Wirtschaft passiert war: Er saß mit einigen Nachbarn beim Wirt abends beim Karteln. Alle anderen Männer in der Wirtschaft legten die Karten und den Hut ab, standen auf und murmelten ein widerwilliges „Gegrüßtseisdumaria" in sich hinein. Franz und seine Mitkartler blieben jedoch sitzen und spielten weiter. Beim ersten Glockenton kam wutschnaubend die Wirtin, schlug ihnen die Hüte vom Kopf und nahm ihnen wortlos die Spielkarten weg. Nach dem „Betleuten" gab sie ihnen die Karten wieder mit der Bemerkung: „Machts des ja net noamoi." Franz verging darauf das Karteln, er trank seine Halbe braunes Bier aus und ging. „Die sigt mi nimmer", murmelte er noch im Hinausgehen.

---

[13] Gebetläuten

9 Die „Schmittn"

Von Mitte Oktober bis April war Georg meistens arbeits- und einkommenslos. Manchmal bekam er kurzfristig eine Arbeit zum „Holzmachen" bei Bauern im Dorf. Wenn er nichts zu tun hatte, ging er zum Schmied in die „Schmittn". Dort erfuhr man immer das Neueste, manchmal auch, wo es Arbeit gab.

Mit dem jungen Schmied Max kam Girgl immer gut aus, der half ihm, wenn er nicht mehr weiterwusste. Er war nur drei Jahre jünger als er. Max war auch Organist und Kantor der noch jungen Pfarrei Hörbach, weshalb er auch ein Klavier besaß. Max Veit, Sohn des Kirchenpflegers und Schmiedemeisters Joseph Veit, erlernte aus eigenem Antrieb auf seine Kosten das Orgelspiel. Pfarrer Neumair förderte ihn. Max konnte ordentlich lesen und schreiben, was nicht alle, ja die wenigsten konnten. Er hatte noch eine Schwester Barbara, vier Geschwister sind bald nach der Geburt gestorben.[14]

Die „Schmittn", wie die Schmiedewerkstatt in der Dorfmitte genannt wurde, lag unweit der Kirche an der Dorfstraße, die vom Finsterbach gesäumt wurde. Die „Schmittn" war seit jeher auch ein allgemeiner Treffpunkt der Männer, besonders im Winter. Durch seine Organistentätigkeit bekam Max manchmal vom Pfarrer das „Fürstenfeldbrucker Wochenblatt", die einzige Wochenzeitung, die damals überregionale Nachrichten ins Dorf brachte. Manchmal, wenn er Zeit hatte, las der Schmied dann den staunenden Dorfbewohnern Nachrichten aus aller Welt vor. Auch Girgl war öfters in der Schmiede, er war mit Max befreundet.

In der Schmiede war es warm, man traf andere Dorfbewohner und es war - im Gegensatz zur Gastwirtschaft - nicht mit Kosten verbunden. Das Schmiedefeuer prasselte in der Esse, zwischendurch ertönten die hellen Klänge der Schläge des Schmiedehammers auf das glühende Eisen. Ein beißender Geruch von verbranntem Horn, das beim Beschlagen der Pferde und Ochsen entstand, füllte die Schmiedewerkstatt.

Die Schläge des Schmieds auf dem Amboss und die Stundenschläge der Kirchturmuhr waren die Taktgeber des Dorfes. Die Schmiede war ein Ort, der alle Sinne ansprach, und sie war ein lebendiger Treffpunkt der männlichen Dorfbevölkerung. Es war immer etwas los, selten war der Schmied alleine in seiner Werkstatt. Natürlich

---

[14] T. Drexler, Das Anwesen beim Schmied in Hörbach, 1993

waren da auch Kinder. Rechts, neben dem großen Tor, stand eine unscheinbare Holzkiste, in die der Schmied die ausgezogenen Hufnägel warf. Für die Buben war es eine Schatztruhe, sie stopften sich die Taschen der Lederhose voll mit rostigen, verbogenen Hufnägeln. Zuhause klopften sie diese mit dem Hammer gerade, um sie dann in irgendeinen Balken einzuschlagen. Die Mütter schimpften über die zerstochenen Hosensäcke, die Väter freuten sich über die neu erlernten handwerklichen Fähigkeiten ihrer Söhne. Zwischen Schmied, Schmiedegeselle und Pferd standen meist mehrere Männer aus dem Dorf, die eine gebrochene Kette oder eine stumpfe Pflugschar hervorgekramt hatten, um einen Grund für einen „Schmittn"-Besuch zu rechtfertigen.

Die beiden Schmiede Ludwig Ostermeier und Thomas Widemann in der alten Schmiede Althegnenberg 2001

Es wurden nicht nur Informationen, sondern auch Geschichten ausgetauscht, es war wie auf einem orientalischen Basar, Geschichten aus Tausendundeiner Nacht. Einmal erzählte der alte „Froscher", dass der alte Schmied einmal, aufgrund einer Wette, den Amboss aus seiner Schmiede, der ca. zwei Zentner wog, von der „Schmittn" bis zum Wirt getragen hatte, die steile Stiege zum Tanzsaal hinauf, und ihn dort den erstaunten Gästen vor die Füße setzte. Worauf das Fassl Bier, dass er dabei gewonnen hatte, zur Freude aller geleert wurde. Der alte „Froscher" hieß übrigens nicht selbst so, es war sein Hausname, weil frühere Inhaber des Anwesens Frösche gefangen hatten, die sie den Obrigkeiten verkauften.

Auch Max wusste eine Geschichte. Er zog eine schon etwas ältere, vergilbte Münchner Zeitung hervor und las den anwesenden Besuchern eine Geschichte vor, die ihm besonders gefiel, weil der Held ebenso alt war wie er.

„Anno 1841 durften sich ein französischer Schwerathlet und eine deutsche Akrobatin auf der Bühne des königlichen Hof- und Nationaltheaters in München produzieren, in Anwesenheit König Ludwigs I., wie die Überlieferung berichtet. Dieses Ereignis beweist, dass es damals in Bayern viele starke Männer gegeben hat, denen ihre demonstrationswürdigen körperlichen Vorzüge gar nicht recht bewusst waren. Man hielt das alles für beinahe selbstverständlich, bis ein geschäftstüchtiger Franzose sich als unbesiegbarer Held aufspielte und vom Meisinger Simmerl, seines Amtes Hausknecht beim Faberbräu, in die Schranken gewiesen wurde.
Nach Vorstellungen in zahlreichen europäischen Haupt- und Residenzstädten, wo er überall unbesiegt geblieben war, kam im Januar 1841 der französische Ringer Jean Dupuis auch nach München. Er verstand es, so imposant aufzutreten, dass man ihm für den 13. Januar sogar eine ‚*außerordentliche Vorstellung mit aufgehobenem Abonnement*' im Hoftheater gestattete.

Wir können uns dieses Ereignis mit etwas Phantasie ganz gut ausmalen, weil glücklicherweise ein Programmzettel des denkwürdigen Abends erhalten geblieben ist. Zuerst wurde demnach ein lustiger Einakter mit dem beziehungsreichen Titel ‚Der Freund in der Noth' gespielt. Dann produzierte sich Dupuis mit einigen Kraftakten, deren Höhepunkt jene Szene war, als er in Kraftmeierpose über die Bühne stolzierte, in jeder Hand Gewichte von 200 Pfund tragend, mit dem Mund ein Gewicht von ebenfalls 200 Pfund haltend und um den Hals zusätzlich noch ein Gewicht von 400 Pfund gehängt. Nach ihm folgte die Demoiselle Kuhn mit ebenfalls recht eindrucksvollen Vorführungen, und schließlich trat Dupuis zum ‚Spaziergang des Herkules' an, der darin bestand, dass er sechs erwachsene Vorstellungsbesucher gleichzeitig trug und dazu noch ‚*im Munde und um den Hals*' Gewichte von zusammen 300 Pfund.

Um das Publikumsinteresse zu wecken und im Vollgefühl seiner Unbesiegbarkeit bot sich Dupuis auch an, jedem Ringer 500 Gulden zu zahlen, der ihn besiegen könnte. Das Risiko eines solchen Angebots war nicht allzu groß, denn der weitgereiste Franzose wusste genau, dass er mit seinem ausgefeilten Griffrepertoire auch Leuten Herr werden konnte, die ihm an Kraft überlegen waren. Damit ihm nicht von irgendwoher ein Berufsathlet nachgereist kam und sich als unerfahrener Münchner Amateur ausgab, hatte Dupuis entsprechende Vorsichtsmaßregeln getroffen. ‚Jede Person, welche ihre Kräfte im Ringen mit mir versuchen will (bitte vorher ihre Adresse in meiner Wohnung beim Sollerbräu im Thale einzureichen), erhält, im Falle sie mich besiegt, den ausgesetzten Preis von 500 Gulden' heißt es dazu auf dem Programmzettel.

Um das Interesse der Münchner noch weiter anzustacheln, hatte Dupuis überall in der Stadt Plakate ankleben und Flugzettel verteilen lassen, auf denen seine Herausforderung an die starken Männer Münchens mit marktschreierischer Übertreibung bekanntgegeben wurde. ‚Wer den bourbonischen Riesen hebt, reißt oder schmeißt, erhält 500 Gulden in bar' stand darauf in dicken Lettern.
Trotz der Gefahr, gehörig blamiert zu werden, meldete sich auf dieses Angebot hin eine ganze Reihe kräftiger Burschen als Herausforderer. Vier von ihnen hat die Chronik mit Namen überliefert: Anton Feucht, Franz Gartmeier, Simon Meisinger und Michael Seidl.

Als am Abend des 13. Januar das übrige Programm abgewickelt war, trat zuerst der 22-jährige Anton Feucht, in der Georgenschwaige gebürtig, zum Ringkampf gegen Dupuis an. An unverbrauchter Kraft war Feucht dem schon 38-jährigen Franzosen wohl über, doch seinen Finessen konnte er auf Dauer nicht standhalten. Immerhin soll es fast zehn Minuten gedauert haben, bis Dupuis seinen Gegner aufs Kreuz legen konnte.

Der aus Traunstein stammende, damals 28 Jahre alte Simon Meisinger hatte den vorausgehenden Kampf aufmerksam beobachtet und seinen künftigen Gegner genau studiert. Untrainiert, wie er war, musste er versuchen, seinem Gegner von Anfang an keinen Spielraum zu lassen und auf jeden Fall einen Bodenkampf zu vermeiden. Der Simmerl setzte alles auf eine Karte, als er zum ersten und gleichzeitig auch zum letzten Male in seinem Leben die altehrwürdigen Bretter der Hoftheaterbühne betrat und die beiden Gegner sich erst einmal vorsichtig abtastend mit den Armen umfingen. Mit einer jähen Kraftanspannung hob er Dupuis plötzlich in die Höhe und warf ihn auf die Bretter, bevor der überhaupt zum Reagieren kam. Die Fama berichtet, der bis dahin kaum öffentlich hervorgetretene Bräuknecht Simmerl habe daraufhin in stolzer Siegerpose dem Besiegten seinen Fuß auf die Brust gesetzt und überglücklich ausgerufen: ‚Hab i di, Bürscherl, lausigs!'

Die Vorstellung im königlichen Hof- und Nationaltheater endete in einem lärmenden Durcheinander. Die Zuschauer, ob hoch oder niedrig, tobten vor Begeisterung. Einige von ihnen nahmen den Meisinger Simon auf die Schultern und trugen ihn wie einen Triumphator davon. Jean Dupuis war noch wenige Stunden zuvor so angeberisch aufgetreten, dass man seine Niederlage jetzt fast als einen nationalen Sieg empfand. Bayerns politische Beziehungen zu Frankreich waren damals gerade – und ausnahmsweise – nicht die allerbesten, und so wurde aus einem sportlichen Ereignis eine vaterländische Heldentat, sozusagen die Ehrenrettung Bayerns. Selbst König Ludwig I. empfing den Simmerl in Audienz und stellte ihm einen Wunsch frei. Doch der vorher so verwegene Bräubursch war ob des höfischen Glanzes ganz verdattert und soll als einzigen Wunsch die Bitte geäußert haben: „Außi möcht i."[15]

Auch in der „Schmittn" waren alle begeistert, und Max zeigte die abgedruckte Abbildung herum. Einer rief: „Des is a Hund, a ganz a vareckta!"

Die „Schmittn" war die Informationsbörse des Dorfes, wo man die neuesten Neuigkeiten erfahren konnte. Die Ehefrau des Schmieds kam auch manchmal vorbei. Sie war eine wohlbeleibte, selbstbewusste Frau; das Ehepaar war im Ort sehr beliebt und geachtet und der Rat der beiden war gefragt.

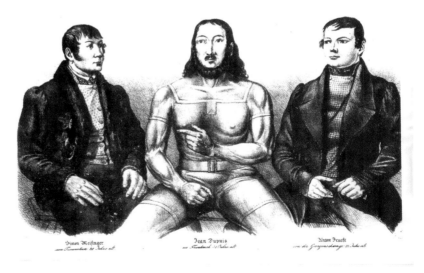

Jean Dupuis und die beiden Herausforderer Simon Meisinger und Anton Feucht in einer zeitgenössischen Darstellung

---

[15] Zitiert nach: Alois J. Weichselgartner: Wer ko, der ko. Kraftmenschen aus Altbayern und Schwaben. München 1971

Ein andermal zeigte Max dem Girgl ein Schreiben, das er unter verschiedenen kirchlichen Schriftstücken gefunden hatte. Es war eine Eingabe des früheren Pfarrers Keller an das Ordinariat.[16] Darin hieß es: *„Seit unfürdenklichen Zeiten ist es bekannt, dass die Filialisten zu Hörbach, meine Pfarrkinder, getrieben vom Geiste des Hochmuths, sehr unruhige Köpfe sind, denn schon seit zweihundert Jahren, so weit nämlich die Pfarrakten reichen, gleichen die jetzigen Hörbacher ihren Vorfahren wie ein Ey dem andern ..."* Er ließ kein gutes Haar an seinen „Pfarrkindern". Beide regten sich über diesen alten „Grantlhuber" mächtig auf.

Georg besuchte Max nun öfters abends, wenn beide mit der Arbeit fertig waren. Sie erzählten sich Geschichten aus ihrer Jugend und machten Pläne für die Zukunft. Girgl erzählte Max, wie es bei ihm zu Hause in Ried zuging. Es gab viele Kinder, viele Familien hatten acht, zehn oder mehr Kinder, doch viele erreichten nicht das Erwachsenenalter. Gerade die vielen Familien in den Kleinanwesen wussten nicht, wie sie ihre Kinder ernähren sollten. Das wenige Geld, das die Väter verdienten, versoffen sie. Die Mütter schickten die Kinder zu den Bauern um zu betteln: „Alle Tag san ma zu de Bauern higanga, ham an Vaterunser bet, na hama des kriegt, was Dienschtbotn überlassen ham ... Mir ham ja des ganz Johr koa Stückl Brot in d' Schul mitkriagt. Mei Muata hot aiweil gsagt: Bett's no bei de Baurn, na kriagts scho a Stückl Brot ... I hob oft no so an Hunger ghabt ... Mir ham na scho gwusst, zu welchen Bauern oder Bäurin mia geh miassn, wo ma a bissl mehra kriagt. Beim ‚Haberbauern' hots, wenn der Bauer net im Haus war, am Freitag a manchmal a ‚Braunoul'[17] geben."
Und wenn gar nichts mehr zum Essen da war, dann mussten auch Haustiere herhalten: „Hie und do hod da Vadda a Katz gschlacht. Beim ‚Peterschuasta' drunt, der wo so vui Kinder ghabt hat, der hot aiweil d' Hund gschlacht, d' Bernhardiner-Hund."[18]

„A so wuid is bei uns in Hurwa[19] net zuaganga. Mir ham zwar a a Hauffa Kinder, aber die ham nia bettln miass'n, zumindest in der Zeit net, wo i aufg'wachsen bin", erwiderte Max. Aber er ist halt auch in anderen Verhältnissen aufgewachsen. Max erzählte dem Girgl aus seiner Schulzeit. In Althegnenberg gab es noch keine Schule, geschweige denn in Hörbach. Die Hörbacher Kinder sollten in die Schule nach Hattenhofen gehen, immerhin zwei Stunden entfernt. Es gab noch keinen Weg

---

[16] Auszug aus einem Schreiben von Pfarrer Jakob Kellner von Hochdorf an das Bischöfliche Ordinariat Augsburg vom 22. Oktober 1855, die Wochenmessen in Hörbach betreffend (Bistumsarchiv Augsburg Pfarrei Hörbach)
[17] braune Nudel = Schmalzgebäck
[18] nach einem Interview mit Xaver Wolf
[19] Hörbach, mundartlich

durch das nasse und gefährliche Moos, erst ab 1840 gab es den Fußweg entlang der Bahntrasse. Wenn, dann gingen höchstens im Sommer ein paar Schüler von Hörbach nach Hattenhofen, aber auch nicht zur Erntezeit. Der Hochdorfer Pfarrer beklagte sich 1836 beim Bezirksamt Bruck, dass die meisten Kinder in Hörbach, die schon 9 bis 13 Jahre zählten, noch nie eine Schule von innen gesehen, geschweige denn einen Buchstaben gelernt hätten.[20] Max ergänzte: „Mir hod mei Muatta as lesn und schreibn beibracht. Heid kon i besser schreibn und lesen als all meine Schulfreind."

Erst 1852 gab es dann auch ein Schulhaus in Althegnenberg für die drei Orte Althegnenberg, Hörbach und Hochdorf, aber das kam zu spät für die beiden.

Wenn Girgl heimkam, sagte er oft zu seiner Frau: „So kann's net weitergeh', mia miassn raus aus dem Elend."

Dazwischen gab es jedoch ein einschneidendes, alles wendendes Ereignis.

---

[20] Fox, Schule in Hörbach

10 Ein Schuss in der Nacht

„Du, mir hod die Bschorr, du woast scho, die von Mittelstettn, die hod mir erzählt, dass bei a Hoazat[21] von a Verwandtn in Rottbach gwen is, wo si a Baur vo Oberlappach so proglt[22] hod, was er ois an Wertsachn dahoam hot, dass nimma sche war." Anton Müller, der fünf Jahre jüngere Bruder von Georg, der noch bei seinen Eltern in Ried wohnte, erzählte ihm dies begeistert bei einer Brotzeit im Moos und er fügte noch hinzu: „Den kunnt ma doch erleichtern."

Eines Nachts war es dann so weit. Georg Müller und sein Bruder Anton machten sich in der Nacht vom 8. auf den 9. September 1864 auf den Weg in das über zwei Stunden entfernte Oberlappach. Dabei hatten sie ein Gewehr mit abgesägtem Lauf, das sie sonst zum Wildern benutzten. Sie brachen in das am Ortsrand gelegene Haus des Bauern Joseph Ring ein und stahlen Hausrat, Betten, Leinwand und Kleidungsstücke im Wert von über 170 Gulden - etwa der Gegenwert des Jahreslohns eines Taglöhners. So steht es fünf Jahre später in der Augsburger Postzeitung in einem Bericht über einen Schwurgerichtsprozess gegen eine 19-köpfige Räuberbande. „*Der Einbruch wurde sofort von den Hausbewohnern entdeckt und es begaben sich der Bauer Ring, seine Frau und seine zwei Töchter vor das Haus an die Stelle, wo eingebrochen worden war. Hier sahen sie einen Mann auf einer Leiter stehen und einen andern im Hause, welcher Gegenstände von oben herabwarf. Der auf der Leiter stehende Mann entfloh sogleich, der zweite schickte sich eben zur Flucht an, als aus der Richtung des Entfliehenden ein Schuß fiel, welcher die Frau des Bauern Ring todt zu Boden streckte.*"

Bei der Gerichtsverhandlung erklärte die Zeugin Elisabetha Bschorr, dass Georg Müller und sein Bruder Anton, genannt „Hütertoni", die Tat begangen hätten und dass Georg ihr ein Zeitungsblatt gezeigt hätte, „*in welchem der Tod dieser Bäurin erzählt sey, [das er] aufbehalten [habe], weil er, wie er ihr sagte, die Bäurin, die er erschossen, doch in Ehren halten müsse*". Die Erschossene war die 57-jährige Katharina Ring, Bäuerin auf dem „Neblmayer-Hof" in Oberlappach. Sie hinterließ fünf unverheiratete Kinder und eine verheiratete Tochter.

---

[21] Hochzeit
[22] geprahlt

Hof der Familie Ring in Oberlappach um 1960

Danach wurde Müller polizeilich gesucht, auch wenn die Polizei seinen Namen nicht kannte. Nicht, dass Girgl damit ein Problem gehabt hätte, seine Eltern und Großeltern lebten schon immer in prekären Verhältnissen, hatten meist ein lockeres Verhältnis zum Eigentum anderer und waren dadurch öfters mit der Obrigkeit in Konflikt geraten. Aber ein Mord - oder auch „nur" ein Totschlag - das war eine andere Dimension, die er nicht eingeplant hatte. Dennoch versuchte er, so wie bisher weiterzuleben.

Doch die Wut über die Dürftigkeit seines Lebens und die Aussichtslosigkeit einer Änderung seiner ärmlichen Verhältnisse ließen ihm keine Ruhe. Von seinen Arbeitskollegen, ebenso arme Torfarbeiter wie er, hörte er immer wieder von Amerika. Verwandte, die dorthin ausgewandert waren, berichteten von einem weniger beschwerlichen Leben als hier. Und man wurde dort nicht danach beurteilt, woher man kam und wer man war. Beim Girgl setzte sich der „Traum vom Amerika" fest. Dort wollte er hin, neu anfangen, ohne die Einschränkungen und Demütigungen der alten Welt mitzunehmen. Eine Cousine von ihm, nur ein paar

Jahre jünger, die Josepha Nerdinger von Meringerzell, war 1854 nach Nordamerika ausgewandert. Von seinen Verwandten hörte er, dass es ihr „dort drüben" gut gehe.

Doch wie sollte er das schaffen, so eine Überfahrt kostet Geld, sehr viel Geld. Auf legale Weise kam er da nicht daran. Je öfter er mit einigen Torfarbeitern aus dem Schwäbischen darüber sprach, desto mehr reifte in ihm der Gedanke, es sich dort zu holen, wo es im Überfluss vorhanden war, bei den reichen dörflichen Obrigkeiten oder in den Kirchen, in denen genügend Gold war. Nicht mehr nur ein paar Erdäpfel, sondern gleich Gold klauen!

11 Einbruch in Dasing

An einem sonnigen Septembertag 1865 kam Müller in einer Arbeitspause mit einem etwa gleichaltrigen Kollegen im Haspelmoor ins Gespräch. Hans, seinen Nachnamen kannte Georg nicht, erzählte ihm, dass er von Dasing bei Friedberg komme und dass er einen Verwandten habe, der vor Jahren nach Amerika ausgewandert sei und dem es dort „sehr gut gehe" und er doch auch rüberkommen solle. Sie unterhielten sich noch über ihr elendes Leben hier und Hans meinte, dass andere in Saus und Braus lebten, wie z.B. ihr Pfarrer. Er war erst kürzlich bei ihm gewesen, in seinem „Pfarrschloss" mit seiner prunkvollen Ausstattung, weil der Pfarrer ihm bei den Formalitäten für seine Ausreise helfen sollte, da er ja nicht wisse, wo man was beantragen müsse.

Etwa ein halbes Jahr später, der Torfstich hatte noch nicht begonnen, erinnerte sich Georg an das Gespräch mit Hans von Dasing. In einer mondhellen Nacht, vom 25. auf 26. März 1866, ging Georg mit seinem Bruder Anton viereinhalb Stunden nach Dasing. Dort stiegen sie in das sogenannte „schöne Zimmer" des Pfarrhofs mittels einer Leiter ein und entwendeten mehrere wertvolle Gegenstände, darunter auch zwei golden glänzende Monstranzen.

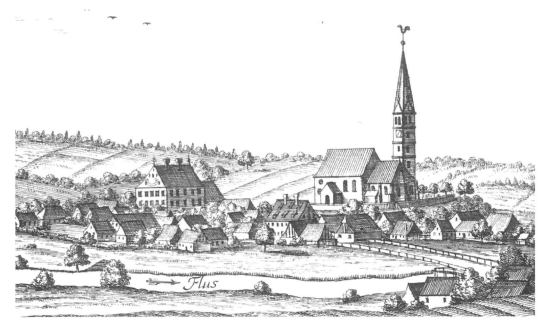

Pfarrhof in Dasing (Ausschnitt aus einem Stich von Michael Wening 1701)

Bei der Gerichtsverhandlung drei Jahre später hieß es, dass als Täter Georg und sein Bruder Anton Müller und als Hehler der ebenfalls in Hörbach wohnende Joseph Dersch ermittelt wurden. Anton Müller bestritt, dass er an diesem Diebstahl beteiligt war mit der Begründung, dass er „in der betreffenden Nacht, nachdem er am 25. März 1866, dem Palmsonntage, gebeichtet und kommuniziert hatte, mit einem großen Rausche zu Bette gegangen sey, so daß er von seinem damaligen Dienstorte Sirchenried bei Mering in das etwa 3 Stunden entlegene Dasing nicht habe kommen können. Die Wirthin von Sirchenried, bei der er damals im Dienste stand, bestätigt dieses Vorbringen und glaubt, daß Anton Müller die ganze fragliche Nacht zu Hause gewesen sey." Die Hauptbelastungszeugin Elisabetha Bschorr behauptet dagegen, „daß der flüchtige Georg Müller ihr die in Gemeinschaft mit seinem Bruder Anton Müller und noch einer Person, die sie nicht mehr zu nennen weiß, ausgeführte Verübung des Diebstahls zu Dasing erzählt habe."

Die genannte Hauptbelastungszeugin Elisabetha Bschorr war eine ehemalige Geliebte des Georg Müller, da sie bei der Hauptverhandlung mehrere Details preisgab, die ein sehr intimes Verhältnis zu Müller annehmen lassen. Sie war einige Jahre jünger als Müller, war die Tochter des Bauern Nikolaus Bschorr von Mittelstetten und hatte zahlreiche nahe Familienmitglieder in den umliegenden Dörfern. Sie arbeitete zeitweise im Torfstich im Haspelmoor.

Die Richtung war nun vorgegeben, bald folgten weitere „Besuche" in Häusern, in denen es etwas zu holen gab.

Schon früher, als er noch klein war und seinem Vater beim Schweinehüten half, lag er oft im Gras und schaute den Schwalben nach, die über ihn ihre Kreise zogen. Er wusste, dass sie im September in den Süden flogen. Im Frühjahr kehrten sie zurück. Sie waren frei und hauten einfach ab, wenn es hier zu ungemütlich wurde.

12 Einbruch beim Kramer in Roßbach

Den weiteren Fortgang der Geschichte erfahren wir wiederum aus der Berichterstattung über die Gerichtsverhandlung. „Am 4. September 1866 kamen Nachmittags zu den Krämerseheleuten Johann in Roßbach, Landgericht Friedberg, nacheinander zwei Mannspersonen und eine Frauensperson, welche kleine Einkäufe an Cigarren und Zucker machten und als welche von den beiden Beschädigten Georg Kistler, Ludwig Habel und Maria Schütz bestimmt wieder erkannt werden." Die drei spähten die Lage aus, was zu holen ist und wie man am besten vorgehen könnte. In der darauffolgenden Nacht wurde beim Krämer Johann eingebrochen und fast sein gesamtes Warenlager, darunter besonders Samt- und Seidenstoffe, Bänder, Spitzen und Goldborten sowie 160 Gulden Bargeld entwendet. Der Krämer Johann ist durch diesen Diebstahl vollkommen verarmt, auch sein Anwesen wurde zwangsversteigert. Der Gesamtwert des Gestohlenen betrug über 2800 Gulden, ein Betrag, für den man um diese Zeit einen mittleren Bauernhof erwerben konnte. Das Gericht verdächtigte die vorher genannten und Georg Müller, seine Frau wurde als Hehlerin angeklagt. Bei einer Durchsuchung der Wohnung fand man viele der gestohlenen Gegenstände, von denen sie behauptete, dass sie diese von der Maria Schütz erhalten habe.

Nach der Prozessberichterstattung sprachen gegen die Beschuldigten gewichtige Indizien, u.a. einen Regenschirm den die Schütz am Tatort zurückgelassen hat und den sie sofort als den ihren erkannte. Ferner erkannten zwei Zeugen sämtliche Beschuldigten wieder, u.a. weil sie diesen am Abend des 4. Septembers oder am Morgen des 5. in der Nähe von Roßbach getroffen haben. Nach Aussage der Bschorr, welcher Müller den gemeinsam mit dem Schmelzgirgl und Ludwig Habel verübten Diebstahl anvertraut hatte. Georg Kistler (Schmelzgirgl) und Ludwig Habel erklärten sie kennen den Ort Roßbach gar nicht. Schmelzgirgl tritt einen Alibibeweis durch die Wirthseheleute von Weyhern [bei Egenhofen, Lk. Fürstenfeldbruck] an, bei denen er sich in der kritischen Nacht aufgehalten haben will, der ihm aber nur insoweit gelingt, dass er an einem diesen nicht näher bekannten Tage dort übernachtete. Maria Schütz will das Hausieren von Goldborten und Bändern durch ihren Landkramhandel erklären.

Nun bildete sich langsam eine gemeinsame Bande heraus, deren Mitglieder unterschiedliche Aufgaben übernehmen. Und nebenbei entwickelte sich quasi ein neues „Geschäftsmodell", nämlich Einbrüche in Kirchen und Pfarrhöfe, da dort Edelmetall zu erwarten war. Durch gute Beziehungen einiger Mitglieder zu Abnehmern von Edelmetall und durch die Fähigkeiten von „Schmelzgirgl" (Georg

Kistler), der seinen Namen davon hatte, dass er Edelmetalle einzuschmelzen konnte, waren gute Voraussetzungen dafür gegeben.

Die Mitglieder der Bande kamen aus verschiedenen „Geschäftsbereichen" und unterschiedlichen Regionen. Zusammengefunden haben sie sich im Haspelmoor, beim Torfstechen oder in einer der berüchtigten Bierbuden im Moos.

Maria Schütz und Ludwig Habel gehörten zusammen. Maria Schütz, eine 40 Jahre alte ledige Regenschirmmacherstochter von Langenneufnach, im heutigen Landkreis Augsburg und Schwester des Albert Schütz, Regenschirmmacher und ebenfalls Bandenmitglied.

Postkarte von Weyhern mit der Schlosswirtschaft (links oben) um 1900

Der Gerichtsberichterstatter schrieb nach der Hauptverhandlung: „Die am meisten belastete Angeklagte vertheidigte sich mit größter Zungenfertigkeit und mußte öfter zur Ruhe verwiesen werden. Maria Schütz reiste einige Zeit vor dem Diebstahl ins Ausland (sic!) und ließ sich zu Birkenfeld bei Pforzheim als Landkrämerin 'Maier' nieder ein Brief an dieselbe, unterzeichnet von 'Deinem Dich liebenden Gemahl Ludwig Maier' (Ludwig Habel) eröffnet worden ... Trotz dieser Unschuld ließ er sich, wie Maria Schütz erzählt, erst arretiren, als sie das christliche Wort gesprochen: 'Ulrich, laß' dich schließen; man hat unser'n Hergott auch gebunden!"

Nach den Gerichtsakten ist Maria Schütz „schlecht beleumundet und schon öfter wegen Landstreicherei, Unsittlichkeit und Diebstahl im Übertretungsgrade bestraft". Während der Verhandlung, so heißt es weiter „von Seiten der Angeklagten, besonders der Maria Schütz, fehlte es dabei nicht an zarten Bemerkungen über die schaulustige Menge" - will wohl heißen, sie hatte eine lockere Zunge.
Ihr Partner Ludwig Habel (33), der sich als „Landkrämer Linder und Maier" ausgab, war laut Gericht „gleichfalls schlecht beleumundet und wegen Diebstahls schon 5mal bestraft". Er kam aus Staudenberg, wie Langenneufnach, ein Dorf in den „Stauden" einem Gebiet südlich von Augsburg, deren Dörfer von extremer Armut geprägt waren.
Der vierte Beteiligte bei diesem Delikt war Georg Kistler, vulgo „Schmelzgirgl". Er stammte aus Bachern, ein Nachbardorf von Ried, das zwei Stunden vom Haspelmoor entfernt liegt. Er war zur Tatzeit 42 Jahre alt und wurde in den Papieren als Dienstknecht geführt. Auch er war „schlecht beleumundet und auch schon früher bestraft namentlich wegen Diebstahlsvergehen mit 3monatlichem Gefängnisse. Seinen Namen Schmölzergirgel hat er deshalb erhalten, weil er die gestohlenen Gold- und Silbersachen einzuschmelzen hatte". Der künstlerische Wert des Diebesguts war egal, es ging nur um den Materialwert von Gold und Silber. Es war fast ein perfektes kapitalistisches Firmenmodell: einige waren für die Aquirierung der Waren zuständig, andere für deren Verarbeitung und andere für deren Vertrieb zuständig.
Die schwäbische Fraktion, also die Bandenmitglieder die aus Dörfern über dem Lech beheimatet waren, machten nun öfters eigene räuberische Unternehmungen an denen Girgl nicht beteiligt war, ja nicht einmal davon wusste. So auch bei einem Einbruch im August 1865 im Landkreis Mindelheim, bei einem Lehrer, dem ein Großteil seines Hausrats - Betten, Kleider und andere Gegenstände im Wert von etwa 596 Gulden gestohlen wurde.
Bei der abschließenden Gerichtsverhandlung bei der der Bande insgesamt 29 Delikte zur Last gelegt wurden, war lediglich bei 10 Delikten Georg Müller beteiligt.

Eines Abends fragt ihn seine Frau: „Hast du schon g'hört, mir ham einen neuen König". Girgl: „Mir wurscht, i hob den alten a net kennt. Wia hoast der denn?" „Ludwig der Zweite". „Zwischen Haspelmoor und Hattnof ham's sogar zu Ehren vom neien Kini eine Eiche gepflanzt." „Mir wurscht, i hob nix davon!"

13 Einbruch Kirche Bobingen

Pfarrkirche Bobingen

Weiter in der Gerichtsberichterstattung: *„Diebstahl in der Pfarrkirche zu Bobingen und Diebstahlsversuch an der Kirche zu Ober-Ottmarshausen, beide Orte Ldg. Schwabmünchen, vom 5. auf den 6. Oktober 1866."*
Für diese beiden Delikte wurden Georg Müller, Georg Kistler (Schmelzgirgl) und Franz Schneider (Preußenfranzl) verantwortlich gemacht. Sie stiegen über ein Fenster in die Kirche in Bobingen ein. Dies war allerdings mit einigen Schwierigkeiten verbunden, da die Fenster vergittert waren. Mit der Hebelwirkung eines „Heubaumes" wuchteten sie das eiserne Gitter heraus. Solch ein „Heubaum" oder „Wiesbaum" war an jedem Stadel eines landwirtschaftlichen Anwesens zu finden, da dieser ein unerlässliches Utensil für die Heuernte war. Mit dem „Wiesbaum", einem ca. 5 m langen geschälten Fichtenstamm, wurde das Heu auf dem Fuhrwerk befestigt. Danach stiegen sie mit einer Leiter zu einem Fenster hinauf und kamen so ins Innere der Kirche. Dort wurde der Tabernakel aufgesprengt und aus diesem die Monstranz und zwei Ciborien (Hostienkelche) sowie Geld aus

den Opferstöcken entwendet. Der Gesamtwert betrug ungefähr 360 Gulden. Die geweihten Hostien blieben auf dem Altar zurück.

Pfarrkirche Oberottmarshausen

Weiter in der Gerichtsberichterstattung: „*In jener Nacht sah der Zeuge Dangl, welcher als Schäfer in der Ober-Ottmarshauser Flur im Bferrchkarren sich aufhielt, nachdem er seinem meldenden Hunde gefolgt, drei in der Richtung nach Ober-Ottmarshausen zu gehende Burschen und bald darauf entdeckte der dortige Nachtwächter die ersten Spuren eines Eindringens in die Pfarrkirche, indem er an derselben vorübergehend ein leises Geräusch in ihrem Innern vernahm. Er weckte den Gemeindevorsteher und dieser zog nun mit noch sechs theils bewaffneten*

Männern und dem Nachtwächter zur Kirche, aus welcher, als sie ankamen, sich zwei Männer, einem gegenüberliegenden Hofe zufliehend, eiligst entfernten, wobei sie noch einen Schuß gegen ihre Verfolger abfeuerten, von denen hierauf zwei den Entsprungenen einen Schuß nachschickten, ohne jedoch zu treffen. Die Diebe hatten nach den konstatirten Spuren bereits mit dem Erbrechen der Kirchenthüre begonnen. Der Verdacht begründet sich gegen die zwei Beschuldigten Kistler und Schneider durch die Aussage der Vertrauten des Georg Müller, Elisabeth Bschorr. Die Angeschuldigten leugnen."

Bobingen und Oberottmarshausen liegen am Rande der „Stauden", unweit von Königsbrunn. Nun tritt ein weiterer Vertreter der Bande auf, der ledige Dienstknecht Franz Schneider, vulgo „Preußenfranzl". Er war 29 Jahre alt und auch er kam aus Bachern. Auch er war schlecht beleumundet und schon öfter, insbesondere auch wegen Diebstahls, mit 2 1/2-jährigem Arbeitshaus bestraft worden. Er war der nichteheliche Sohn einer Dienstmagd und der Neffe des später noch genannten Joseph Sedelmaier.

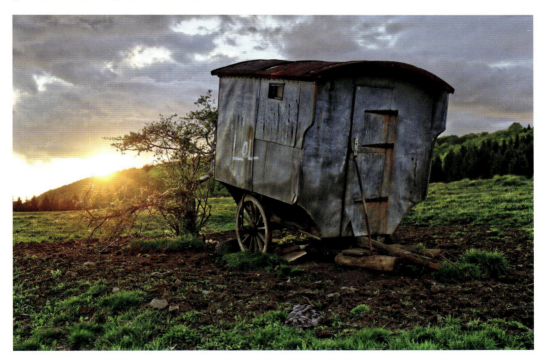

Schäferkarren (Wohn- und Schlafplatz eines Wanderschäfers)

14 Einbruch im Pfarrhof Merching

In der Nacht vom 26. auf den 27. November 1866 „besuchte" die Bande den Pfarrhof in Merching (Lkr. Aichach-Friedberg). Mit dabei waren die Brüder Georg und Anton Müller, dann der als „Baron Wilhelm" sich wahrscheinlich unter der Bande der Anerkennung feineren Gaunertums bewusste Theodor Müller und der „Preußensepp", und dessen Onkel der „Preußenfranzl". Die Diebe drangen, abweichend von ihrer sonstigen Manier, weil die nach oben führende Leiter fehlte, über den Keller in die oberen nicht versperrten Räume des Pfarrhofs ein, aus welchem sie Bargeld und Leinwand, Löffel und weitere Textilien mit sich nahmen. Zum Schluß entdeckten sie noch den Weinvorrat des Pfarrherrn und noch mehrere Flaschen des pfarrherrlichen Weines mitnahmen. Der Gesamtwert der entwendeten Gegenstände beträgt mehr als 742 Gulden. *Am Orte der That war außer mehreren gestohlenen Gegenständen ein scharfgeladenes Terzerol* [Pistole] *zurückgeblieben.*

Der Gesammtwerth der entwendeten Gegenstände beträgt 742 fl. [Gulden] *48 kr.* [Kreuzer] *Auf die Spur der Thäter führte auch hier die als lebendige Anklage wieder und wieder in den Saal eintretende Zeugin Bschorr, welche auch die Verübung dieses Diebstahls durch Georg Müller und die oben genannten Genossen desselben aus dem Munde des ersteren gehört hat. Die von Anton und Theodor Müller bezeichneten und vernommenen Entlastungszeugen konnten die Behauptung der Beschuldigten, sich gerade in der fraglichen Nacht bei ihnen aufgehalten zu haben, nicht zur vollen Gewißheit bringen."*

Bei der Verhandlung erzählte Theodor Müller (vulgo Baron Wilhelm, er war ein 39 Jahre alter, aus Deubach bei Zusmarshausen stammender Revierjägerssohn und Webergeselle) von seiner älteren Schwester, die 1853 nach Nordamerika ausgewandert war, wusste auch er von tatsächlichen oder angeblichen Vorzügen eines Lebens in der Neuen Welt.

Für sieben weitere Kirchendiebstähle, die zur selben Zeit in der Nähe von Türkheim, Ottobeuren und Dietmannsried verübt und zunächst der Diebesbande zur Last gelegt wurden, ist die Anklage mangels Beweisen fallengelassen worden.

15 Weitere Einbrüche

Über ein Jahr später, am 13. Dezember 1867, brach ein Teil der Bande, nun wieder ohne Müller, bei einem Bauern in Eurasburg, Landgericht Friedberg, ein. Mit beteiligt waren dabei die Eheleute Jakob und Kreszenz Sedelmaier, die der Hehlerei beschuldigt wurden. Sie wohnten nicht weit vom Tatort entfernt, im sogenannten „Mooshäusl" in der Nähe von Baindlkirch, das Baron Lotzbeck auf Weyhern gehörte, in dessen Diensten Sedelmaier als Torfsticharbeiter stand. Dieses einsame Haus wurde bald der Schlupfwinkel der Bande und der Verwahrungsort ihrer Beute. Von hier aus wurde eine Anzahl von Diebstählen in näher und ferner gelegenen Orten verübt. In der Nacht vom 3. auf 4. Januar 1867 schlug der schwäbische Teil der Bande, wieder ohne Müller, in den Landgerichten Krumbach und Burgau zu.

„Pfarrvikar Bertele in Behlingen erwachte Nachts, da er vor seiner Zimmerthüre Tritte hörte, schob rasch den Thürriegel vor und rief mit ‚Feurio' Alarm. Hierauf erfolgte von außen mit lauter Stimme die Drohung, ‚wenn er nicht stille sey, so werde man ihn erschießen'. Die Haushälterin des Vikars hörte von den sich entfernenden die Worte: ‚Hast du ihn?' - und rief diese auf ihren Herrn beziehend, auf der anderen Seite ‚Mordio'.- Als die Beiden dann nach geraumer Zeit in den verschiedenen Räumlichkeiten des Hauses nachsuchten, fanden sie, daß mehrere ihrer Effekten im Wert von 67 Gulden fehlten. Vor der Haustüre fand man ein Stück eines Meßkännchens von dem vorher in der Kirche verübten Einbruch." Mit einem ca. 2 m langen Prügel wurde der Fensterkreuzstock der Sakristei herausgerissen, sowie mehrere Türen aufgesprengt und der Tabernakel gewaltsam aufgebrochen, in welchem die Diebe aber nichts fanden. Hier war mit einem sieben Fuß [ca. 2 m] langen Prügel der Fensterkreuzstock der Sakristei herausgerissen, sowie innere Türen aufgesprengt und der Tabernakel gewaltsam geöffnet worden, in welchem die Diebe nichts fanden.

Auf dieselbe Weise gingen die Täter auch in der Kirche im Nachbarort Kemnat (an der Kamel) vor. Aus dem Tabernakel stahlen sie eine Monstranz und weitere Gegenstände. Der Revierförster fand später in einem Wald eine Feuerstelle mit ausgeglommener Asche und Monstanzenteile.

Mit dabei war „Georg Kistler (Schmelzgirgl) - seinen Namen Schmelzgirgel oder Schmölzergirgel hat er deshalb erhalten, weil er die gestohlenen Gold- und Silbersachen einzuschmelzen hat." Außerdem waren dabei „Albert Schütz und Ludwig Habel, ersterer mit dem romantischen Beinamen ‚der Mann mit der Narbe' bezeichnet. Sie kamen am Tag nach der Tat ins Wirtshaus zu Itzlishofen, wo sie, mit einem Ranzen Geld versehen, bis am frühen Morgen ‚sehr munter', wie die Wirtin sagte, mit Bier, Kaffee und Wein sich beschäftigten. Auf das viele Geld angesprochen, stellten sie jede Beteiligung in Abrede.

Bei der Verhaftung des Ludwig Habel, Theodor Müller ‚Baron Wilhelm' und Albert Schütz wurden Waffen, Brechwerkzeuge, Stemmeisen, Stricke und eine ‹Spitzbubenpfeife› gefunden, bei Ludwig Habel ein Pass auf die ‚Landkrämer Maier und Linder', beim Baron Wilhelm ein solcher auf einen Schlossergesellen in München lautend. „Stationskommandant" Hefele arretierte den gefährlichen Albert Schütz. In einem Wirtshause zu Königsbrunn traf derselbe einen sich als Metzger bezeichnenden Mann, der unter verschiedenen Umschweifen jede urkundenmäßige und sonstige Legitimation verweigerte.

Der Stationskommandant erinnerte sich aus einer Täterbeschreibung an das „ausrasierte Gnack" und wußte, dass es der Metzger Albert Schütz sei. „Er setzte ihm sofort das Bajonet auf die Brust und fand bei Durchsuchung des sodann Festgenommenen in dessen Gewahrsam einen Zwilling [doppelläufiges Gewehr], eine geladene Doppelterzerole, ein Stemmeisen, Stricke, ein Stilet, ein im Griffe feststehendes Messer, sowie eine auf einen Maschinenschlosser lautende Passkarte".

16 Das dickste Ding: Einbruch in die Wallfahrtskirche Grafrath

Das wohl spektakulärste Delikt der Bande, das der Bande den Namen gab und letztlich auch zu ihrer Ergreifung führen sollte, wurde am dritten Verhandlungstag am Donnerstag, dem 18. März 1869, aufgerufen. Offenbar unterschätzten die Bandenmitglieder die öffentliche Wirkung dieses Kirchenraubes, sofern sie überhaupt ihr Handeln reflektieren konnten. Bei dem Kircheneinbruch in der Wallfahrtskirche Grafrath vergriffen sie sich an den Reliquien des überaus populären Heiligen Rasso und setzten damit eine Entwicklung in Gang, deren Eigendynamik sie nicht mehr aufhalten konnten und die letztlich zur Ergreifung der Bande führte.
Müller hatte längst alle Skrupel vor religiösen Symbolen, sakralen sowie liturgischen Objekten abgelegt und sah nur den erhofften Materialwert der aufwändigen Verzierungen.
Der Reporter der Augsburger Abendzeitung berichtete von dem entscheidenden Prozesstag:
„Diebstahl zu Grafrath, 29. auf 30. Januar 1867. Wie der Müller'schen Bande - als solche dürfen wir sie nach dem Entflohenen wohl bezeichnen - kein Versicherungsmittel zu fest, so war ihr, wie die bereits besprochenen Kirchendiebstähle zeigen, auch kein Heiligthum zu heilig. In der Wallfahrtskirche zu Grafrath, Ldg. Bruck, liegen, seit Jahrhunderten vom Volke verehrt, die Gebeine des heiligen Rasso. Der jetzige Superior P. Max Kipferl ging mit einem anderen Franziskanerpater von Utting, wo sie dem Leichenbegängniß des verstorbenen Pfarrers angewohnt hatten, nach Grafrath zurück, wobei sie in einem dazwischenliegenden Walde die ersten Spuren des Verbrechens, einen erbrochenen Opferstock aus der Kirche zu Grafrath, entdeckten. Am Orte der That selbst fand sich, daß die Diebe, nachdem ihnen das Eindringen durch das Sakristeifenster nicht gelang, das Stiegenhaus mittelst eines Fichtenbaums erbrachen und durch die gewonnene Oeffnung ein- und bis zum Presbyterium der Kirche vordrangen, dort den Schrein des heiligen Rasso, den Tabernakel und das Ciboriumkästchen erbrachen und die Gebeine des heiligen Rasso, die Monstranze und sonstige dem Gottesdienste gewidmete Gegenstände mit sich fortnahmen. Der Werth des Schmuckes, welcher dem Leib des heil. Rasso abgenommen und geraubt wurde, kann nicht genau bezeichnet werden. Dagegen wird der Werth der Monstranz und Ciborie u.s.w., welche aus der Kirche gestohlen wurden, auf 420 fl. [Gulden] angegeben.

Der Leib des heiligen Rasso, der nach dem Volksmunde im Leben ein Riese gewesen seyn soll, wurde, da die Ausgangsöffnung für die Diebe eine sehr kleine war, auseinandergerissen, das abgerissene und seiner Zierde entkleidete Haupt auf dem Altare zurückgelassen. Die Fassung des Leibes, wahrscheinlich ein längst ersehntes Hauptziel der verbrecherischen Wünsche der angeklagten Bande, erwies sich nach der Aussage des P. Superior diesen Wünschen nicht entsprechend, nach welcher sie nur aus Golddrähten und weniger Vergoldung bestand."

Auch in München wurde der dreiste Kirchenraub von Grafrath bekannt. Es verwundert auch nicht, da der heilige Rasso seit jeher eine große Verehrung im Münchener Bürgertum genoss. Alljährlich fand eine Wallfahrt nach Grafrath statt und zahlreiche Votivtafeln von Münchner Bürgern zeugen noch heute von der Beliebtheit der Grafrather Wallfahrt.

Klosterkirche Grafrath um 1900 (Historische Postkarte)

Die Münchner „Neueste Nachrichten" berichteten am 5. Februar 1867: *„In der bekannten Wallfahrtskirche in Grafrath wurde in der Nacht vom 29. auf 30. v. Monats ein unerhört frecher Kirchenraub verübt; die Diebe wussten eine kleine mit eisernem Gitter versehene Oeffnung mittelst Brechinstrumente zu eröffnen und so in die Kirche einzudringen. Im Innern wurde der Tabernakel erbrochen, Monstranz und Ciborium mitgenommen, die Hostien jedoch zurückgelassen. Hierauf vergriffen sie sich an dem Reliquienschrein mit den reich gefassten Gebeinen des hl. Rasso, indem sie das dicke Spiegelglas zerbrachen und sämtliche Gebeine mit Ausnahme des Hauptes mitnahmen. Aus zurückgebliebenen Spuren ist ersichtlich, dass die Gebeine größtenteils zertrümmert wurden. Vor der Kirche fand man den ausgeraubten Opferstock.*

Als Thäter sind verdächtig der flüchtige Georg Müller, ‚Baron Wilhelm' Theodor Müller, Anton Müller und Johann Rehm, als Begünstigter der ältere und jüngere ‚Wechselschuster' Joseph Bernhard. Johann Rehm, Anton und Theodor Müller leugnen, letzterer, um den Adel des Gauners zu zeigen, mit feiner Diebeslogik und gewandter Fragestellung an die Zeugen. Aber alle Gewandtheit vermochte das von ihm behauptete Alibi nicht zu beweisen. - Die ‚Wechselschuster' fanden die Gebeine des hl. Rasso im Walde und verbrachten sie später an die Stufen einer nahegelegenen Kirche. Ein dritter Bernhard und dessen Frau wußten, weil sie mit Georg Müller, als Gevattersleute bekannt, um den Diebstahl, und von diesen wollen die beiden Bernhard erst erfahren haben, daß der hl. Rasso entwendet wurde, worauf sie, und zwar der ältere aus religiösen Skrupeln, der jüngere, weil wegen früherer Zuchthausstrafe jeden Diebstahls in der Umgebung verdächtig, die heiligen Gebeine ausgesucht hätten. Einzelne Theile dieser Gebeine wurden auch von dem Wirth in Jesenwang und dessen Sohn in einem Walde mit einer Ciborienkrone und Stücken der entwendeten Verzierung des Leibes gefunden. - Elisabeth Bschorr tritt wieder als Belastungszeugin auf, indem sie deponiert, daß sie bei Georg Müller und in Gegenwart des Theodor und Anton Müller vernommen habe, daß die ‚Geschichte' nicht nach Wunsch ausgefallen sey."

Die zwei weiteren Bandenmitglieder, die nun in Erscheinung treten, sind Vater und Sohn Bernhard, beide mit Vornamen Joseph und mit dem Hausnamen „Wechselschuster" genannt, sie kamen aus der Nachbarschaft von Müllers Heimatort. Beide sind vorbestraft. Vater Bernhard, 68 Jahre alt, war ein verwitweter Austrägler und Schuhmacher von Adelshofen, der auch als Maulwurffänger tätig war. Sein Sohn Joseph, 40 Jahre alt, auch von Adelshofen, war ein verheirateter Taglöhner.

Der Zellengenosse von Georg Müller, Mathias Lesti - von dem noch zu berichten sein wird -, sagte aus, *„daß ihm dieser* [Müller] *nach vorherigem Befragen, ob er 'deutsch' sey, d.h. schweigen könne, die Verübung des Diebstahls von Grafrath und die Betheiligung mehrerer an demselben anvertraut hatte."*

Walfahrtskirche St. Rasso
Hochaltar mit den Reliquien des Hl. Rasso

17 Aufregung in Grafrath und Umgebung

Ein zeitgenössischer Bericht von Pfarrer Angerpointner aus Jesenwang schildert die große Aufregung, die diese Tat unter der Bevölkerung hervorrief:
„Als die Kunde von der Freveltat in Grafrath und der Umgebung bekannt wurde, bemächtigte sich eine große Aufregung der Bevölkerung. Gendarmerie und Schulkinder suchten überall die Wälder ab - ohne Erfolg. Da ging nicht nur ein Schrei des Entsetzens durch die ganze Umgegend, sondern alle Sonn- und Festtage begaben sich zahlreiche Gemeindeangehörige in die nahe Wallfahrtskirche Bergkirchen, um durch Fürbitte der sel. Jungfrau Maria die Gnade zu erflehen, daß der hl. Leib des Rasso nicht zu Grunde gerichtet, sondern irgendwie wieder aufgefunden und der christlichen Verehrung zurückgegeben werde.
Am 11. März fand der Bergkirchener Mesner Reichlmayr einen Teil der Gebeine des Heiligen vor der Türe der Bergkirche liegen (das ganze Rückgrat und einige kleinere Knochen, während alle großen, wie die Rippen, Arm- und Beinknochen fehlten). Sie waren offenbar in einem Sacke dorthin gebracht und ausgeschüttet worden. Reichlmayr lief sogleich mit der erstaunlichen Nachricht zu Pfarrer Angerpointner nach Jesenwang, worauf unverzüglich das Kloster Grafrath von dem Funde verständigt wurde. Man las die Gebeine sorgfältigst in ein weißes Leintuch und stellte das Ganze in einem Korb auf den Altar zu Bergkirchen. Trotz des schlechten Wetters kamen alsbald mehrere Franziskanerpatres von Grafrath herüber. Der erste Pater kniete weinend und betend vor dem Altare nieder; dann kamen noch drei Patres. Da war ein Zusammenlauf der Gläubigen, ein freudiges Beten und Weinen zugleich wie einst, als man vor dem gläubigen Israel die Bundeslade einhertrug. Irgendwelche bedeutende Kostbarkeiten waren von den Dieben an dem Leib des hl. Rasso nicht gefunden worden, da sowohl das vermutete Gold der Fassungen des Skelettes als auch die Edelsteine unecht waren. Nun fragt es sich: Wo sind die anderen Teile des Leibes, die großen Glieder und Knochen geblieben? Es konnte nicht zweifelhaft sein, daß sie ebenfalls in der Umgebung von Jesenwang und Bergkirchen zu finden seien. Ein erneutes Absuchen der Wälder hub an ohne Ergebnis. Wohl waren zu Bergkirchen unter den Gebeinen Föhrennadeln gefunden worden und deshalb forschte man besonders in den Föhrenbeständen nach den Gebeinen. Der Wirt Walch von Jesenwang und dessen Sohn Johann fanden am 12. Juni in der Nähe des Fundortes noch Drahtteile der Fassung und Glasperlen. Von den großen, starken Knochen und anderem Geraubten aber war noch immer keine Spur anzutreffen.

Monate vergingen. Am 14. Juni befand sich der junge Walch beim Heumähen auf einer Wiese im Flurteil ‚Willach' nahe dem Adelshofener Wald. Zur Notdurft in diesen Wald austretend, stieß er zufällig mit dem Fuße aus dem Moos die Krone des ebenfalls in Grafrath geraubten Ziboriums[23] heraus.

Diese wurde wieder sogleich zum Pfarrer von Jesenwang und dann nach Grafrath verbracht. Nun wurde eifrigst in dieser Gegend nach weiteren Stücken des Raubes gesucht und wieder nichts mehr entdeckt. Auch Schulkinder und Gendarmen beteiligten sich wieder an der Suche. Nichts kam mehr zutage."

Der Text auf der Tafel lautet: „Zur Erinnerung an die Wiederauffindung der Gebeine des hl. Rasso, welche in der Nacht vom 29. Jan. 1867 aus der Walfahrtskirche Grafrath geraubt am 18. Mai wieder aufgefunden wurden. Hier Wanderer steh still und falt die Händ, Auf daß St. Rasso sich für dich verwend. Gehst du hin oder her, gib Gott die Ehr', Gehst du spät oder früh, sündige nie! Gest. von Jos. Sedlmeier, Pfaffenhofen 1957" (Jahreszahl nicht original).

Bergkirchen bei Jesenwang

---

[23] Kelch zur Aufbewahrung der Hostien

„Am Samstag vor dem Fronleichnamssonntag ging der junge Walch mit dem Gütlerssohn Leonhard Wöll, Sohn des ‚Davidl', Dienstbube bei Walch, von Jesenwang in den Willach-Wald, um dort Stauden, d.h. Äste und Zweige, zum Schmucke der Straße für die morgige Fronleichnamsprozession zu holen. Dabei fand Wöll zufällig einen großen Knochen und rief seinem Kameraden zu. Walch erkannte sofort, daß es sich um die Gebeine des hl. Rasso handle; beide scharrten und kratzten nun an diesem Platze mit Erfolg sämtliche noch fehlenden Knochen (es waren die oberen und unteren Schenkel, erstere noch teilweise in Fassung) und Drahtstücke aus dem Boden zutage. Ihre Größe war erstaunlich, sie glaubten die Gebeine eines Riesen vor sich zu haben. Des Eifers und der Freude voll trugen sie die Gebeine in das Dorf und zeigten den Fund dem Pfarrer Angerpointner, den sie im Garten der Wörl'schen Tafernwirtschaft trafen. Mit sichtbarer innerer Bewegung vernahm Pf. Angerpointner die Kunde, begrüßte und segnete ehrfurchtsvoll die Gebeine, deren Bedeutung als Reliquien er den Findern gegenüber hervorhob, und schickte die Beiden mit den Gebeinen nach dem Kloster Grafrath. Über die Echtheit der Gebeine wurde vom Ordinariat in Augsburg eine strenge Untersuchung eingeleitet und die Finder eidlich vernommen.

Nachdem einmal das Versteck entdeckt war, ließ es dem jungen Walch keine Ruhe; schon in aller Frühe des nächsten Tages (Sonntag) durchforschte er wieder den Platz nach weiteren Knochensplittern und etwaigen Fassungsteilen. Und diesmal glückte es ihm wiederum, einen überaus wertvollen Fund zu machen: die mit dem Leibe des hl. Rasso geraubte Monstranz, jedoch ohne Lunula,[24] die Walch sogleich wieder in den Pfarrhof verbrachte. Pfarrer Angerpointner gab den neuen Fund im Sonntagsgottesdienst bekannt, nach dessen Beendigung alles Volk in den Pfarrhof strömte, um das kostbare Stück zu schauen."

Walch durfte ein kleines Stück der Gebeine sowie einige Fassungsdrähte behalten und ließ diese in einer Bildtafel zusammenstellen. Die Kirche von Bergkirchen erhielt ebenfalls einige Reliquien, welche heute noch in einer Bildtafel an der Nordwand der Kirche zu sehen sind.

Es bleibt noch nachzutragen, dass die Gebeine des Heiligen nach dem Wiederauffinden nach Augsburg gebracht und von den Franziskanerinnen zu Maria Stern neu gefasst wurden. Am 12. Oktober 1867 wurden die Gebeine des hl. Rasso in feierlicher Prozession wieder in die Wallfahrtskirche Grafrath zurückgebracht.

---

[24] halbmondförmige Hostienhalterung

Marterl an der Auffindungsstelle im Willachwald (inzwischen verschwunden).

Im Anschluss daran wurde vom 13. bis 15. Oktober ein Triduum - also eine dreitägige Messfeier - gehalten, zu dem sich ca. 25 000 Gläubige eingefunden haben sollen.

Das Bezirksamt Bruck verstärkte nun auch die Anstrengungen, die Einbrüche und Diebstähle in Kirchen aufzuklären und die Täter aufzuspüren. In allen Gemeinden wurde eine „Spähe-Verfügung" verlesen, nach welcher *„derjenige eine Belohnung von 100 fl. erhält, der die Thäter, Gehilfen oder Hehler ermittelt"*.

18 Diebesgut ins „Ausland"

Das nächste Delikt erfolgte wiederum von der „schwäbischen Fraktion" der Bande, ohne Beteiligung von Girgl.

„In der Nacht vom 30. auf den 31. März 1867 wurde bei dem Krämer Joseph Vogg in Gessertshausen eine große Menge Schnittwaren, im Gesamtwert von 617 Gulden, entwendet. Maria Schütz reiste einige Zeit vor dem Diebstahl ins Ausland und ließ sich zu Birkenfeld bei Pforzheim als Landkrämerin ‚Maier' nieder. Ulrich Schütz hatte die Waren auf einem Einspännerwägelchen nach München verbracht, woselbst sie der Maria Schütz per Bahn nach Württemberg gesendet wurden. Inzwischen war Madame Maier den württembergischen Behörden bereits verdächtig vorgekommen und infolge dessen ein Brief an dieselbe, unterzeichnet von ‚Deinem Dich liebenden Gemahl Ludwig Maier' geöffnet worden, welcher die Anzeige der baldigen Ankunft der Warenkisten enthielt. In Ulm wurde Maria Schütz auf der Flucht arretiert; dabei fanden sich bei ihr 231 Gulden in Bargeld und einige Pretiosen."

Reliquienbild in der Kirche Bergkirchen

19 Einbruch bei einem Kaufmann in Landsberg

Nur zwei Monate nach dem Raub in Grafrath schlug der links des Lechs beheimatete Teil der Bande erneut zu, allerdings diesmal unter Beteiligung der Gebrüder Müller. Dabei fällt auf, dass dieser Teil der Bande sich nicht nur für Kirchen als Objekte der Begierde interessierte, sondern es auch auf die Habseligkeiten von Gastwirten, Kaufleuten, Pfarrern und Krämern abgesehen hatte.

„In der stürmischen Nacht vom 8. auf 9. April 1867 wurde an dem Hause des Kaufmanns Rieder, mitten in der Stadt Landsberg, mittels einer Leiter das erste Stockwerk erstiegen, in den Salon eingedrungen und aus demselben viele Gegenstände, so Schmucksachen, u.a. eine goldene Damen-Uhr, sowie Goldmünzen und mehrere Gewehre, im Gesamtwert von 724 Gulden, entwendet. Gegenüber dem Rieder'schen Hause befindet sich die Fronfeste, in welcher Anton Müller, wie er selbst zugibt, 26 Wochen saß. Es ist wahrscheinlich, dass das Herüberschauen aus der Keuche [Zelle] in die bürgerliche Behaglichkeit des Nachbars schon damals den Plan zur Tat reifen ließ. Er und sein flüchtiger Bruder Georg, sowie der Baron, sind des fraglichen Verbrechens beschuldigt."

20 „Besuch" im Pfarrhaus von Puchheim

Nun war die Bande nicht mehr aufzuhalten, fast wöchentlich suchte sie sich ein weiteres Opfer für ihre Einbrüche. Bei den folgenden Delikten war Georg Müller zumindest nicht aktiv beteiligt, er erfuhr davon erst viel später durch die Berichte seiner Ehefrau. Weiter in der Prozessberichterstattung:

„Wieder fast wie immer bandenmäßig - mit Waffen - mittelst Einsteigens und Einbruchs verübt, und zwar in der Nacht vom 9. auf 10. Mai 1867 zu Puchheim, Landgericht Bruck, zum Nachtheile des Pfarrers Jaud. Baron Wilhelm, Schmelzgirgl und Preußenfranzl sind dieser That beschuldigt, während Moosjackl und Moossenzl die gestohlenen Gegenstände veräußert haben sollen. In Puchheim drangen die Diebe nach dem nun wohl bekannten System ‚Müller' durch Ersteigen einer Leiter, Eindrücken der Glastafel des Fensters und Umdrehen des Fensterreibers in die von ihnen mit Vorliebe besuchten ‚schönern' Zimmer des Pfarrhofes und nahmen Gegenstände im Werte von gegen 300 fl. mit sich. Mehrere dieser Gegenstände fand man bei der am 6. Juli erfolgten Verhaftung Schmelzgirgl's im Mooshäusl. Die Sedelmaier'schen trieben bei diesem Diebstahl die Hehlerei ins Größere. ." Creszenz Sedelmaier fuhr mit ihrem „Blachenwagen"[25] den Dieben an den Ort der Tat nach, um die „Ware" gleich vor Ort aufnehmen zu können. Schmölzgirgl will zwar wohl mit der Crescenz Sedelmaier von München herausgefahren sein, aber nicht er brachte gestohlene Gegenstände, sondern - so erzählt er höchst glaubwürdig - , es kam auf einmal Einer aus dem Walde und warf zwei Päcke hinten auf den Wagen. Das Meiste des Gestohlenen wurde bei der Hausdurchsuchung bei der Sedelmaier im „Mooshäusl" gefunden, den verborgenen Rest gab sie später freiwillig der Gendarmerie.

---

[25] kleiner Planwagen

21 Zwei Kircheneinbrüche im Schwäbischen

Die „schwäbische Fraktion" der Bande, die über dem Lech beheimatet war, war weiterhin sehr aktiv, wiederum ohne Beteiligung von Georg Müller.

Der nächste Einbruch, ein Kirchendiebstahl in der Pfarrkirche zu Niederndorf, Ldg. Ottobeuren, wurde Albert und Maria Schütz und deren „Courtisan" Ludwig Habel zur Last gelegt. In der Nacht vom 12. auf 13. Mai wurde dort eingebrochen.

„Zwei Tage darauf, 14. auf 15. Mai 1867, und zwar mutmaßlich von den nach Trennung von Maria Schütz nun allein weiteroperierenden Genossen Ludwig Habel und Albert Schütz in einer Nacht verübt wurden. *In der Pfarrkirche zu Ingenried wurde nach den Depositionen des Pfarrers Geiger ein Totenschragen als Leiter zum Sakristeifenster benützt, und als die Zerreißung des Schauergitters vor diesem Fenster nicht gelang, nach einem weitern vergeblichen Versuch, die äußere Sakristeitüre zu erbrechen, an dritter Stelle, einem Chorfenster der Kirche, in dieselbe eingebrochen und drinnen Tabernakel und Paramentkasten[26] mit Stemmeisen aufgesprengt. Aus diesen Behältnissen und der Kirche wurden ein Kelch, eine Ciborienkrone, eine Luna* [Luna oder Lunula ist der halbmondförmige Behälter der Hostie, welcher auch bei sonst geringwertigen Monstranzen aus Gold oder vergoldetem Silber besteht]*, 2 Messgewänder und 2 Rauchmäntel in einem Gesamtwert von 124 Gulden gestohlen. Ein Waldaufseher fand später einen Rauchmantel im Walde, der als zur Kirche Ingenried gehörig erkannt wurde. In derselben Nacht wurde zu Lauchdorf an der Kirche ein eisernes Fenstergitter mit einem Birkenstamme herausgebogen und durch das Fenster in die Sakristei eingestiegen, von wo aus die Diebe in die Kirche gelangten und daselbst nach Aufsprengung des Tabernakels und Paramentenkastens wieder dem Gottesdienst gewidmete Gefäße und Gewänder in einem Wert von 111 Gulden entwendeten.*

---

[26] Schrank zur Aufbewahrung liturgischer Gewänder und Textilien.

22 Zwei Einbrüche in der Heimat

Auch bei den folgenden zwei Einbrüchen war Müller nicht beteiligt.

„Bei dem Metzger Paul Hofmuth in Heinrichshofen im Landgericht Landsberg wurde in der Nacht vom 31. Mai auf 1. Juni 1867 wieder nach dem so virtuos gehandhabten System eingebrochen und Gegenstände im Wert von 178 Gulden entwendet. Baron Wilhelm und Schmelzgirgl trifft die Anklage des mit Waffen verübten Diebstahls, die Sedelmaier'schen Eheleute der Hehlerei. - Bei diesen letzteren fand man mehrere der entwendeten Sachen, ebenso Georg Kistler. - Die Täter leugnen; der Baron insbesondere, ihm sind die Mooshäusler nicht vorgestellt, und selbst die Tränen der Kreszenz Sedelmaier und die Bitte, sie nicht ins Unglück zu stürzen, erschüttern ihn nicht."

„Ein weiterer Einbruch folgte in der bekannten Art durch Einsteigen beim Wirt Martin Huber in Sulzemoos, Landgericht Dachau, in der Nacht vom 3. auf 4. Juni 1867, dessen Täterschaft dem ‚Baron' und dessen getreuem ‚Schmelzgirgl', die ihre Unschuld unumstößlich darzutun glauben, zur Last gelegt ist. Wichtig für das folgende Diebstahlsverbrechen ist, dass dieselben um diese Zeit zu Wenigmünchen im Wirtshaus gesehen wurden, was sie auch nicht in Abrede stellen. Der Diebstahl in Sulzemoos beschränkte sich auf verschiedene Esswaren in einem Wert von 26 Gulden.[27]"

---

[27] Für einen Gulden bekam man zu dieser Zeit etwa 6 kg Brot oder 2 kg Ochsenfleisch oder 2 kg Käse oder 1 kg Butterschmalz.

23 Einbruch beim Pfarrer in Wenigmünchen

Sehr anschaulich wurde auch das nächste Delikt in der Verhandlung geschildert: *„Diebstahl an Pfarrer Ferstl zu Wenigmünchen, Landgericht Bruck, vom 4. auf 5. Juni 1867. Dieser Diebstahl war die Veranlassung zur endlichen Entdeckung des Zentrums der verbrecherischen Bande. Bei demselben wirkten nach dem Verweisungserkenntniß die meisten Angeschuldigten zusammen, der Chef Georg Müller, sein Bruder ‚Hütertoni', Baron Wilhelm, Schmelzgirgl, Preußenfranzl und Anton Rasch, sowie als Hehler Jakob Sedelmaier. - Zu dem Metzger Johann Maier von Weikertshofen* [gemeint ist wohl Oberweikertshofen, das nur einige Kilometer von Wenigmünchen entfernt liegt] *kam ein paar Wochen vor dem Diebstahle der ihm bekannte Preußenfranzl, bot ihm eine Schaufel zum Kaufe an, die dieser jedoch nicht brauchen konnte, und nahm zum Abschied einen Stock, ein geschältes junges Lärchenstämmchen, mit einem oben eingetriebenen gelben Nagel, mit sich fort. In der fraglichen Nacht selbst wachte der Vorsteher von Wenigmünchen zwischen 11 und 12 Uhr auf und holte sich, um sich die schlaflose Nacht zu vertreiben, ein ‚Flaschl Bier' aus dem Keller, das er zum Fenster hinausschauend gemütlich austrank. Bei dieser Gelegenheit bemerkte er auf einmal, um mit dem Münchener Bilderbogen zu reden, ‚drei Knaben jung und heiter, die trugen eine Leiter'.*

Illustration von Wilhelm Busch

Er sah, dass es seine Leiter war, und fragte die Burschen, was sie mit derselben vorhaben, worauf einer, den er an der Stimme als den früher in Wenigmünchen dienenden Preußenfranz erkannt haben will, erwiderte, sie wollen einen Kammer-

fensterbesuch machen. Für Franz Schneider war es das letzte Fensterln. Am Tage nach dem Diebstahle fand man nämlich am Brunnen des Pfarrhofs einen gelben Stock mit einem eingeschlagenen Messingnagel. Der Stationskommandant, der ihn gefunden und mitgenommen, begegnete mit demselben dessen früherem Besitzer Mayer, der ihm noch weiter mittheilte, daß ihm der Preußenfranz gesagt habe, wie wohlverwahrt gestohlene Gegenstände im Mooshäusl seien. Gegen Franz Schneider spricht noch die Äußerung gegen einen Mitgefangenen in der Untersuchungshaft, er möchte sich das ‚Hirn' einrennen, weil er so dumm gewesen, bei einem nächtlichen Pfarrhofbesuche seinen Stock stehen gelassen zu haben. Doch Franz Schneider hat einen Entlastungszeugen, der beweisen soll, dass er ihn bei Mering spät in der Nacht gesehen. Dieß bestätigt der Entlastungszeuge, Stationskommandant Auer auch, jedoch zur großen Heiterkeit des Publikums mit dem Beifügen, dass dieses Begegnen abends um sieben Uhr stattgefunden habe, dass Preußenfranzl die Richtung gegen Wenigmünchen eingeschlagen habe, und - dass er dabei ein gelbes Stöckchen getragen, als welches der Zeuge auf Vorzeigen sofort mit Bestimmtheit den erwähnten Stock erkennt."

Von Mering nach Wenigmünchen sind es zu Fuß immerhin etwa vier Stunden.

Das war dann auch der Anfang vom Ende der Bande. Die Belastungsindizien mehrten sich und so war es nur noch eine Frage der Zeit, bis die einzelnen Mitglieder festgenommen werden konnten.

„Von hier aus spannen sich aber auch die ersten Fäden der sich immer mehr verwickelnden Untersuchung, nachdem bei der Haussuchung, welche zwei Gendarmen, da ihnen der direkte Zutritt zu der verdächtigen Bodenkammer nicht gestattet worden war, diese das Dach abdeckten, nicht nur eine Menge der bei verschiedenen Diebstählen entwendeten Sachen, sondern insbesondere auch der Schmelzgirgl Georg Kistler versteckt aufgefunden worden war. Wie die Sedelmaier'schen Eheleute erzählen, brachte Franz Schneider einmal drei Päcke zu ihnen zur Aufbewahrung; dass in denselben sich gestohlene Gegenstände befanden, wussten sie nach ihrer Angabe nicht. Aus diesen Päcken holte Schneider nach und nach Verschiedenes, so dass zuletzt nur noch ein paar Spenser, Zipfelhauben und eine geblümte Weste zurückblieben, welche Schneider der Mooszenzl um drei Gulden überließ, die sie dann wieder weiter an ihren Schwager, ebenfalls einen Viktualienhändler, vertrödelte, von dem aus sie teilweise noch in eine dritte Hand gelangten. Von diesen Gegenständen erkennen nun die beiden Riedelberger, der Bauer und dessen Bruder, wenigstens die Weste mit aller Bestimmtheit als bei dem damaligen Diebstahl mitentwendet an.

Preußenfranzl wurde am 16. desselben Monats verhaftet. Im Pfarrhofe fanden sich rote Wachstropfen, bei Schmelzgirgl's Verhaftung im Mooshäusl in dessen Joppe ein roter Wachsstock."

Ein Wachsstock war eine schnurförmige Kerze, die kunstvoll aufgewickelt und manchmal auch mit Wachsapplikationen verziert war. Es war die „Taschenlampe" in vorelektrischen Zeiten.

„Dieser, sowie Hütertoni und der Baron waren um die betreffende Zeit im Wirtshaus zu Wenigmünchen. Die von den Beschuldigten angerufenen Alibibeweiszeugen haben die einfache Antwort, dass sie eben nichts wissen. Mehrere der gestohlenen Gegenstände wurden im Mooshäusl, einzelne Bettstücke am Hofzaun des Joasbauern von Dürabuch gefunden. Elisabeth Bschorr enthüllt wieder die ihr von Georg Müller anvertrauten Geheimnisse in Bezug auf diesen Diebstahl. Die Beharrlichkeit der Diebe im Leugnen wird aber durch all diese Überführungsmomente nicht gebrochen."

24 Einbruch in der Wieskirche

Die schwäbischen Bandenmitglieder konnten noch ein paar Wochen weiter ihr Unwesen treiben.

„Der ‚Baron' wanderte einsam weiter, und fand im Landgericht Schongau Ludwig Habel und Albert Schütz. In diesem Bezirke wurden vom 30. Juni auf 1. Juli 1867 ein Diebstahl im Pfarrhofe zu Birkland und vom 2. auf 3. Juli in der Pfarr- und Wallfahrtskirche in der Wies verübt, deren die drei Genannten beschuldigt sind. Zu Birkland wurde das Drahtgitter eines Kellerfensters weggerissen, in den Keller gestiegen und aus dem Hause verschiedene teils dem Pfarrer Doll, teils seinen Verwandten, teils der Pfarrkirche gehörige Gegenstände, Kelche, Monstranz, Lunula, Leinwand, Viktualien und Wein im Wert von 261 Gulden entwendet.

In der Wies wurde ein Kirchenfenster erstiegen und die hindernden Drahtgitter und Sicherungsstangen mit einem Prügel beseitigt, in der Kirche selbst der Tabernakel erbrochen und eine Monstranz, ein Ciborium und aus den ebenfalls

Wieskirche

erbrochenen Opferstöcken, welche bei der Eigenschaft der Kirche als Wallfahrtskirche einen reicheren Gewinn abwarfen, als die früher beraubten, deren Inhalt - im Ganzen ein Wert von 240 fl - mitgenommen.

Der Benefiziat ‚in der Wies' erzählte, dass er auch schon vor diesem Diebstahl ein nächtliches Rencontre mit eingedrungenen Dieben gehabt; er hatte ein Geräusch auf dem Dachboden gehört, war bewaffnet hinaufgestiegen und feuerte, da sich dasselbe näherte, ein Gewehr nach dessen Richtung ab, ohne jedoch Jemanden zu treffen. Die Diebe waren, wie ein dort bemerktes Licht beweist, bereits in den Keller eingedrungen, doch fand sich beim Nachsuchen keine Spur derselben. In den Wirtshäusern zu Apfeldorf und Reichling, beide in der Nähe von Landsberg am Lech, sowie vom Lehrer zu Birkland und vom Benefizianten zu Wies waren am Tage vor den zwei Diebstählen drei Fremde bemerkt worden. Die Anwesenheit in Reichling und Apfeldorf können die Beschuldigten nicht in Abrede stellen. Sie gingen, wie sie der Kellnerin sagten, aufwärts, mit dem beigefügten Bandenwitz ‚aber nicht in den Himmel'. Sie gingen wirklich aufwärts nach Kaufbeuren.

Die Rolle des ‚Baron Wilhelm' war ausgespielt. Er wurde dort mit Ludwig Habel weiterer Tätigkeit entzogen. Komisch wirkten die Äußerungen eines Zeugen, der die Veranlassung der Verhaftung war, dem eine Offenbarung des Gewissens die drei Männer als die Räuber des heiligen Rasso bezeichnete und dessen inneres Auge die wohlverschlossene Reisetasche Habels durchdrang und in derselben die verbrecherischen Werkzeuge entdeckte. Albert Schütz gelang es zu entkommen."

25 Kampf im Wasser und Finale

„Die bisher weniger belasteten ‚Wechselschuster' traten nun ebenbürtig an die Stelle der Gefallenen Helden. - In der Nacht von 14. auf 15. September 1867 hörte der Müller Isidor Riedl, als er sich eben niederlegen wollte, ein ihm auffallendes Geräusch und Plätschern im Mühlbach und gleich darauf die Worte: ‚Vater, es geht nicht' und von einer anderen Stimme: ‚Es muss gehen'. - Er erkannte an den Stimmen sogleich die beiden Joseph Bernhard, und weckte sogleich seinen Knecht. Als sie hinuntergegangen waren, sahen sie die beiden Wechselschuster und noch einen Dritten bis an die Brust im Wasser stehen und beschäftigt, mit einem Wiesbaum *[eine ca. 5 m lange Stange, mit der ein Heufuder zusammengehalten wird]* einen Kellerkreuzstock herauszubiegen. Der Knecht drang mit einer Schaufel bewaffnet auf die Diebe ein und schlug den Bernhard sen., der mit einem Prügel auf ihn losging, damit zu Boden; unterdessen waren die beiden anderen aus dem Wasser entkommen und feuerte der jüngere Bernhard einen Schuss auf den Knecht ab; - diese Überraschung benützend, hatte sich der im Wasser mit dem Knechte ringende alte Bernhard wieder aufgerafft, losgerissen und war ebenfalls entflohen. Draußen forderte er den Sohn auf, nochmal zu schießen, was dieser auch versuchte; das Zündhütchen versagte. -

Draußen wird's ungemütlich, ein früher Winter kündigt sich an. Girgl liegt wach in seinem Bett, er kann nicht schlafen. In der mondhell erleuchteten Kammer sitzt in einer Ecke eine fette Spinne, in ihrem Spinnennetz hängen einige tote, ausgesaugte Fliegen. In allen umliegenden Dörfern reden sie über den Raub „unseres heiligen Rasso" und über die „ausgschamten" Räuber. Er kommt ins Grübeln, „eigentlich hot sich die ganze Sach net rentiert. Einbracht ham die Drahtumwicklungen und die glasigen ‚Edelstoa' fast nix, und jetz is die ganze Bevölkerung hinter uns her, jetz derf ma uns koane Fehler mehr erlaub'n".

Joseph Sedelmaier und Albert Schütz spielten die letzte Szene des Dramas, das die Zeit von nahezu vier Jahren und den Raum von mehreren Quadratmeilen mit seinem Schrecken erfüllte. Diese Schlussszene ist der mittels Einbruchs und Einsteigens verübte Diebstahl im Pfarrhofe zu Althegnenberg, Landgericht Bruck, vom

20. auf 21. Oktober 1867, bei welchem mehrere Bettstücke im Wert von über 100 Gulden entwendet wurden. Dem des Diebstahl mitverdächtigen, jedoch wegen desselben nicht verwiesenen Anton Müller gelingt ein Alibibeweis durch die Zeugin Erb, bei welcher sich derselbe in jener Nacht aufgehalten; die beiden Andern wurden im Wirtshaus zu Hegnenberg [Althegnenberg] *um die kritische Zeit gesehen und heute wieder erkannt. Elisabeth Bschorr hat auch hier wieder belastende Momente dem Beweismaterial anzufügen, während die Beschuldigten mit der gewohnten Frechheit leugnen. Nach diesen Erhebungen wurde das Beweisverfahren geschlossen."*

26 Diebstahl bei einem Gütler in Eurasburg

Im Prozess gegen die Räuberbande kamen nun weitere Delikte zur Anklage:

„*Diebstahlsverbrechen zum Schaden des Gütlers Mathias Wagner in Eurasburg, Landgericht Friedberg, vom 2. auf 3. Oktober 1867. Georg Müller, Anton Müller und Albert Schütz als Täter, Maria Helf als Hehlerin. - Die Austräglerin Katharina Wagner war in der fraglichen Nacht zwischen ein und zwei Uhr, nachdem sich die sämtlichen anderen Hauseinwohner zum Flachsbrechen entfernt hatten, eben in der Küche, als sie im oberen Stockwerke ein verdächtiges Geräusch hörte. Sie stieg hinauf und sah in einer Kammer, in welche sie eintrat, eine Mannsperson, die auf einer Truhe gesessen, sich schnell zum Fenster hinausschwingen.*"

Erst viel später erfuhr Müller von seiner Ehefrau über die Auslassungen der Bschorr vor Gericht, was bei ihm einen Wutausbruch provozierte: „Des Mistviech, as meiste stimmt net, die wollt mi blos neireitn und fertig macha. I hob mit dera Sach nix zum dua ghabt. Aber des hots net gschafft, des Gricht kon mi kreizweis ... Außerdem hot sie mir die meisten Tips geben, wo was zum holn is."

All diese Verbrechen kamen bei der Hauptverhandlung im Schwurgericht in Augsburg im März 1869 zur Verhandlung, von der noch zu berichten sein wird. Georg Müller war nicht dabei, er hatte sich vorher aus dem Staub gemacht. Wenden wir uns also wieder seiner persönlichen Geschichte zu.

27 Im Untersuchungsgefängnis in der Au

Dreieinhalb Jahre nach dem verhängnisvollen Schuss saß Müller auf seiner Pritsche im Landgerichtsgefängnis am Lilienberg in der Vorstadt Au in München. Neben ihm saß sein Zellengenosse Mathias Lesti, ein etwa gleichaltriger Metzgergeselle und Gelegenheitsdieb aus der Au. Am Montag, dem 17. Februar 1868, in der Früh um halb sechs, war Müller von zwei Gendarmen auf dem Weg zum Torfstich im Haspelmoor festgenommen und in die Fronfeste in der Au in München überstellt worden. Lesti kannte Müller und seine Vorgeschichte nicht, dieser hatte auch wenig Lust, sie ihm allzu detailliert zu erzählen. Doch Nacht für Nacht überlegten sie, wie sie hier rauskommen könnten. Es konnte nicht allzu schwer sein - es war ein alter Kasten, der im Volksmund nur die „Befreiungshalle" hieß, da schon mehrere Insassen ausgebrochen waren. Beim Freigang im Hof sahen sie sich alle Gebäudeteile, Mauervorsprünge, den Dachüberstand und Blitzableiter genau an.
Im April dieses Jahres war das Gesetz erlassen worden, das allen Bürgern Bayerns die Freizügigkeit gewährte, also das Recht, den eigenen Aufenthalt selbst zu wählen. Vermutlich haben die beiden Untersuchungshäftlinge davon nichts mitbekommen, für sie galt es ja auch nicht. Dennoch nahmen sie es für sich in Anspruch, und eines Nachts war es dann so weit.

Fronfeste am Lilienberg in der Au, München (rechter Teil)

28 Ausbruch aus dem Gefängnis

In der Nacht vom 12. auf 13. Mai 1868 brachen die beiden aus dem Gefängnis aus. Bei der Hauptverhandlung im darauffolgenden Jahr schilderte der inzwischen wieder einsitzende Lesti , wie der Ausbruch durchgeführt wurde:
„*Aus Langeweile, so erzählt die Auskunftsperson, erfanden er und Müller ein originelles Spiel: Eisschießen mit Pantoffeln. Durch das Anstoßen der Pantoffel* [Holzpantoffel !] *an die Wand bröckelte sich diese unten ab und sie entdeckten in einer Fuge zwei schon früher versteckte Messer. Mit diesen schnitten sie nach und nach drei Türen soweit durch, dass Lesti mit seiner kleinen Hand durch die Oeffnung hindurch zum äußeren Riegel gelangen konnte. Bevor das Befreiungswerk ganz vollendet war, wurden die ausgelösten Stücke der Türen wieder eingesetzt und die Fugen mit Brot ausgestrichen. Gearbeitet hat Müller als der stärkere, Lesti rühmt sich dagegen, dass er den Plan ‚ausgetüftelt'. - Als es endlich möglich war, auch den letzten Riegel zurückzuschieben, entfernten sich die Beiden aus ihrem Gewahrsam, und ließen sich, nachdem sie noch die Dachlatten durchschnitten hatten, am Blitzableiter herunter.*"

„So ein Schmarrn", war der Kommentar von Müller, als er von der Geschichte, die Lesti dem Gericht präsentierte, hörte. Zwar stimmt die Ausbruchsgeschichte, doch die Messerchen - es waren nur zwei abgebrochene Messerklingen, sauber in Butterbrotpapier eingepackt - erhielt er von der Mutter des Anton Rasch. Mit einem Kuss wurde das „Befreiungspäckchen" ihm übergeben. Dennoch war er froh über diese abenteuerliche Geschichte, die dem Gericht aufgetischt wurde, da dadurch keine weitere Person belastet wurde.

Der Gerichtsberichterstatter schreibt weiter: „*Im ersten Augenblicke der Freiheit hatten sie sogleich mehrere Gendarmeriewachen zu umgehen, doch entkamen sie aus dem Bereiche von München, gingen bei Harlaching über die Isar und über Sendling und Pasing weiter bis gegen Pfaffenhofen* [Unterpfaffenhofen]*, wo sie in der Nähe von Unterbruck* [wohl: unterhalb Bruck = bei Fürstenfeldbruck]*, von Gendarmen gedrängt, trotz der herrschenden Kälte und der Leichtigkeit der mitgenommenen Kleidung - Hose und Hemd - über die Amper zu schwimmen sich genötigt sahen - sie waren nur mit dem leinenen Arrestgewand bekleidet. Von da ging es durch Gegenden, die Lesti nicht bekannt waren, bis sie endlich in einer Nacht ermattet an einem einsamen Haus ankamen. Hier erhielten sie von zwei Weibspersonen Kleidung, Speise und Trank, sowie jeder eine Doppelpistole.*

Lesti setzte darauf die Wanderung mit Müller nur noch wenige Tage fort, da ihm derselbe zu gefährlich schien, und wurde bald, nachdem er ihn verlassen, wieder arretirt."

Bei dem „einsamen Haus" kann es sich nur um das abseits gelegene Mooshäusl bei Baindlkirch handeln, das logistische Zentrum der Bande. Vom Gefängnis aus war es ca. 50 km entfernt, konnte also in einem Tages- oder Nachtmarsch erreicht werden. Dort war wohl auch ein Teil der Beute aus den Raubzügen verwahrt.

Das Mooshäusl bei Baindlkirch

29 Fahndung nach Müller

Die Polizei reagierte umgehend. Am 16. Mai 1868 erschien im Bayerischen Central-Polizei-Blatt eine Fahndungsmeldung:

☞   2649. Müller Georg, verehel. Gütler von Hörbach, Landg. Bruck (38 J. alt, 5' 10'' [= ca. 170 cm] groß, kräftig, hat hellbraune Haare, breite Stirne, blaue Augen, große Nase, braunen Schnurrbart)
und
☞   2650. Lesti Mathias, led. Metzgergeselle von der Au (39 J. alt, 5' 7'' [= ca. 162 cm] groß, hat braune Haare, hohe Stirne, graue Augen, stumpfe Nase, braunen Schnurrbart) sind mit leinenem Arrestantengewande bekleidet, in der Nacht vom 12./13. l. M. aus der Untersuchungshaft in der Frohnfeste am Lilienberg in der Vorstadt Au entsprungen; um deren Rücklieferung wird mit dem Bemerken ersucht, daß sich dieselben zunächst nach Hörbach begeben haben dürften.
München 14/5/68.   K. Polizeidirektion.

Georg Müller
Idealzeichnung von Hans Stölzl
nach der Fahndungsbeschreibung

Während Müller schon unauffindbar war, begann im Schwurgericht Augsburg am 21. März 1869 ein achttägiger Mammutprozess. Die Öffentlichkeit, insbesondere die, die am Augsburger Prozess Anteil nahmen, machten sich natürlich auch Gedanken über den Verbleib des Bandenchefs.

„*Unter dieser kursierten die fabelhaftesten Gerüchte über den verschwundenen Georg Müller. Wie der geheimnisvolle ‚Er' der Romane gebeut er über Zeit, Raum und Geld. Bald ist er reicher Privatier zu München, dann sogleich wieder als Jägersmann in einem Wirtshause der untern Stadt gesehen worden, des Abends zieht er sich nach Langenneufnach zu der Mutter der drei Schütz [gemeint sind die drei Bandengenossen Schütz] zurück und am Morgen darauf hat er die Kühnheit, in Weiberkleidern sich unter das Auditorium im Saale selbst zu mischen. In Wahrheit aber sind eine Menge von Sicherheitsorganen auf den Füßen, um den Flüchtigen zu erreichen; bis jetzt ist es jedoch nicht gelungen.*"
So der Gerichtsberichterstatter. Nichts wusste er.

Amts- und Landgericht Augsburg

30 Verhandlung in Augsburg

Am Vormittag des Sonntags (!) und des Montags (21. und 22. März 1869) hielt der Staatsanwalt Sensburg das Plädoyer. Darin stellte er die Gemeinsamkeiten der verhandelten Delikte heraus. So erwähnte er unter anderem, dass die Täter sich vornehmlich bei Kirchen, Pfarrhöfen und sonstigen ergiebigen „Abzugsquellen" bedienten und schloss daraus auf *„gemeinsame kommunistische Anschauungen und theilweise auf Liebesverhältnissen beruhende Beziehungen der Bandenmitglieder zueinander".*

Der Berichterstatter des Augsburger Tagblattes legt noch einiges drauf:
„Bei so umfangreichem Material für die Durchführung der Anklage und dem Umstande, daß 12 Verteidiger in 79 Abtheilungen zu sprechen hatten, stand ein langes Plädoyer in Aussicht. Die kgl. Staatsbehörde systematisierte jedoch ihren Teil so gewandt und übersichtlich, dass der Vortrag nur 3/4 Stunden in Anspruch nahm. Kernig und klar hob sie im Allgemeinen hervor, dass in einem Zeitraum von 4 Jahren mehr als 50 großartige Einbrüche in Kirchen, Pfarrhöfen und bei Privaten geschehen sind. Der Wert des Gestohlenen belief sich über 10.000 Gulden. Aus dem kompakten Handeln, wie aus den Wirtshausgesprächen der Angeklagten lässt sich entnehmen, daß sie von mißverstandenen social-demokratischen (?) und communistischen Ideen angesteckt sind. Diese Communisten hatten es hauptsächlich auf Kirchen und Pfarrhöfe abgesehen. Mit der Verhaftung derselben hörten die Kirchenberaubungen und Einbrüche auf, welche den Landstrich von München bis Augsburg in Schrecken versetzt hatten, eine verlässliche Indizie, dass die Angeklagten die Urheber derselben waren. Dieser Bande war keine Mauer zu hoch und kein Eisengitter zu fest, sie durchbrachen alle Hindernisse. Diesen Leuten war nichts heilig, selbst das Heiligste verunehrten sie, nachdem sie es vorher mit der Lauge ihres Spottes übergossen (Ausdrücke hierzu finden sich leider in gewissen religionsfeindlichen Blättern in Hülle und Fülle; erinnere man sich nur an die Spottartikel, welche ein hiesiges Blatt gegen die Reliquien des heil. Rasso losließ; kein Wunder, daß sich Subjekte finden, bei denen die Begriffsverwirrung (Aufklärung!) soweit ausartet, daß sie die Theorie in die Praxis übersetzen. Die Red.) - Diese Bande war nicht nur dem Eigenthum, sondern auch dem Leben der Menschen und der Tiere gefährlich. Gegen die Menschen waren sie mit Waffen aller Art versehen, gegen die Tiere, besonders wachsame Hunde, hielten sie Krähenaugen u. dgl. zur Vergiftung bereit. -

Nachdem die k. Staatsbehörde noch die Glaubwürdigkeit der verschiedenen Entlastungszeugen beleuchtet hatte, äußerte sie bezüglich der Hauptzeugin Bschorr, daß sie sich nicht zum Richter der Bschorr aufwerfen und ihre Ehre verteidigen wolle, denn deren Schild sei doch gar zu rostig, und ist unmöglich, die verschiedenen Rostflecken abzufegen. Aber Glauben muß ihrer Aussage beigemessen werden, denn jedes Wort, was sie sagte, stimmt mit dem jedesmaligen verübten Diebstahle zusammen. Aus dem kleinen Finger kann sie solche geheime und verwickelte Tatsachen nicht gezogen haben, folglich muß es wahr sein, daß ihr die Angeklagten (mit welchen sie und ihr Mann früher in Berührung stand) Mittheilungen gemacht haben. Die k. Staatsbehörde ersuchte hierauf die HH. Geschworenen, ohne Scheu, frisch ohne Furcht und mit festem Griff das Messer anzusetzen, und das Geschwüre, welches den Staatskörper frisst, mit sicherer Hand abzutrennen, damit der Körper geheilt werde."

Einige Tage später erschien eine Berichtigung der Passage des Plädoyers, die sich auf die weltanschaulichen Hintergründe bezieht: *„Ps. In der Rede des Herrn Staatsanwaltes kommt der Passus vor: ‚Dieses kompakte Handeln (der Diebsbande) läßt sich aus der social-demokratischen und communistischen Richtung ableiten.' Die Fassung dieses Satzes ist ungenau; der Ref. scheint den Hrn. Staatsanwalt nicht richtig verstanden zu haben. Derselbe deutete nur an, daß das gemeinsame Handeln der Bande und die vorherrschende Richtung der Einbrüche und Diebstähle gegen Kirchen- und Pfarrhöfe ‚ein socialistischer Zug' sei, selbstverständlich den Bandenmitgliedern unbewusst, also nicht auf einem wissenschaftlichen System sich fußend, also ein Symptom des Socialismus in seiner extremsten Richtung. Von diesem Standpunkte aus ist von selbst ausgeschlossen, dass irgend eine national-ökonomische Partei angegriffen oder nur verletzt werden wollte. Die Red."*

Das Kommunistische Manifest von Karl Marx und Friedrich Engels wurde erst gut 20 Jahre vorher veröffentlicht, und seine Inhalte dürften bei den Tätern zu dieser Zeit noch nicht angekommen sein. Es war eine bewusste Einvernahme von Seiten der Staatsanwaltschaft, um dem Prozess eine politische Bedeutung zukommen zu lassen.

Im Stil einer Kriegsberichterstattung schilderte die Augsburger Abendzeitung das Plädoyer des Verteidigers: *„Gegen die feste Burg der Anklage knatterte, nimmer enden wollend, das Peletonfeuer der Verteidigungsreden. Die Schar der Zwölfe gegenüber den zwölf Hauptgeschworenen - unter ihr mancher Ritter, der zum erstenmal das Schwert der öffentlichen Rede führte - kämpfte mutig und entschlossen."* Sie führte dabei auch die *„moralische Voreingenommenheit gegen die meisten Angeklagten"* an, doch konnten sich diese trotz der *„erdrückenden Masse von Indizien"* behaupten.

Augsburger Postzeitung.

Einhundertdreiundachtzigster Jahrgang

Nr. 143.   Montag, den 21. Juni   1869.

Das Abonnement, welches halbjährig, vierteljährig, auch monatlich angenommen wird, beträgt in Bayern bei allen k. Postämtern viertelj. 1 fl. 20 kr. auswärts durch geringen Postzuschlag erhöht. — Inserate aller Art werden aufgenommen und der Raum einer dreispaltigen Petitzeile mit 4 kr. berechnet. Inserate bitten wir nicht an die Redaktion, sondern ausschließlich an die Expedition des Blattes richten zu wollen.

Eine Diebsbande vor dem Schwurgericht.

* **Augsburg.** Vor dem Schwurgerichte begann am 16. d. Mts. eine Monstreverhandlung, wie eine solche seit dem Bestehen des Schwurgerichts dahier noch nicht stattgefunden, nämlich gegen eine Diebs- und Hehlerbande von 19 Köpfen, welche seit Herbst 1864 (von da beginnen die Erhebungen) bis zum Herbst 1867 in der Gegend von Kaufbeuren, Burgau, Schongau, Schwabmünchen, und weiter herum ihr Wesen getrieben hatte. Die Anklage erstreckt sich auf 29 Diebstähle, meist mittelst Einbruchs und mit Waffen verübt, darunter acht Kirchendiebstähle, (u. a. auch der seinerzeit mehrfach erwähnte Diebstahl in der Kloster- und Pfarrkirche zu Grafrath, bei welchem die Gebeine des hl. Rasso, Grafen von Andechs, mit fortgenommen wurden), außerdem meist Diebstähle in Pfarrhöfen und bei vermöglichen Bauers- und Wirthsleuten. Der Gesammtwerth des Entwendeten beträgt außer dem nicht näher festgestellten Werthe der beim Diebstahl zu Grafrath entwendeten Pretiosen nach Annahme der Anklageschrift über 9000 fl. — Der Chef der Bande, Georg Müller, welcher bei Gelegenheit eines Diebstahls zu Oberlappach die Frau des Beschädigten, Bäuerin Ring, erschoß und zugleich eines weiteren früheren Todtschlags durch Erschießen eines Bahnwärters verdächtig ist, ist flüchtig. Er entkam aus dem Zuchthause in der Au bei München, indem er ein Stück aus der Thüre seiner Keuche schnitt und sich über das Dach und von da am Blitzableiter sich herablassend entfernte. Die übrigen Angeklagten sind größtentheils Taglöhner, Maurer, Schuster, Torfsticharbeiter, deren Weiber, Schwestern ꝛc. Die Haupthehler sind die Torfsticharbeiterseheleute Jakob und Kreszenz Sedelmaier (Moosjackl und Moosenzl), welche gestohlene Gegenstände in ihrem Mooshäusl bei Baindlkirchen aufbewahrten und bei einigen Diebstählen mit ihrem einspännigen Wägelchen, das sie zur Ausübung eines Viktualienhandels benöthigten, dorthin vom jeweiligen Orte der That abholten. Die meisten der Beschuldigten sind bereits gegen zwei Jahre in Untersuchungshaft. Es sind an 160 Zeugen vorgeladen. Die Reate, welche dem Verweisungs-Erkenntnisse und der Anklageschrift (129 Seiten in Folio), deren Verlesung 2¼ Stunden in Anspruch nahm, zu Grunde liegen, sind folgende:

I. In der Nacht vom 8. auf den 9. September 1864 wurde bei dem Bauern Jos. Ring in Oberlappach, Gerichts Bruck, ein Diebstahl verübt, und dessen Ehefrau von einem Diebe erschossen. Dieser Diebstahl wurde mittelst Einbruchs, Einsteigens und mit Waffengebrauch verübt. Die entwendeten Effecten hatten einen Werth von über 100 fl. Beschuldigt ist dieser That der flüchtige Müller, welcher auch sein Terzerol auf die Ka-

*Auch die Augsburger Postzeitung berichtet im Jahr 1869
über den Prozess gegen die Rasso-Räuber.
Quelle: Staats- und Stadtbibliothek Augsburg*

31 Das Urteil

Nach der Erörterung der Beteiligung der einzelnen Bandenmitglieder an den verschiedenen Delikten und dem Strafantrag des Staatsanwaltes am 23. März 1869 wurde am 24. März 1869 das Urteil verkündet:

„Es wurden

1) Anton Müller (Hütertoni) wegen 6 Verbrechen des Diebstahls zu 14, (Jahren, Anmerkung des Verfassers)

2) Albert Schütz wegen 10 Verbrechen des Diebstahls zu 15,

3) Ludwig Habel (Landkrämer Linder und Maier) wegen 11 Verbrechen des Diebstahls zu 17,

4) Maria Schütz wegen 3 Diebstahlsverbrechen und eines Verbrechens der Teilnahme an einem Diebstahlvergehen zu 8,

5) Georg Kistler (Schmelzgirgl) wegen 8 Verbrechen des vollendeten Diebstahls und eines Verbrechens des versuchten Diebstahls zu 14,

6) Franz Schneider (Preußenfranzl) wegen 3 Diebstahlsverbrechens und eines Vergehens des Diebstahls zu 9,

7) Theodor Müller (Baron Wilhelm), (derselbe Theodor Müller, welcher wegen Einbruchs in der Rentamtskasse zu Friedberg bereits 11 Jahre Zuchthaus erstanden hat) wegen 8 Verbrechen des Diebstahls zu 18,

8) Joseph Sedelmaier (Preußensepp) wegen eines Diebstahlsverbrechens und 3 Diebstahlsvergehen zu 4,

9) Johann Rehm wegen Diebstahlsverbrechens zu 4,

10) Anton Rasch (Maurertoni) wegen Diebstahlsverbrechens zu 4,

11) Joseph Bernhard jun. (Wechselschuster) wegen Verbrechen des Versuchs zum Diebstahlsverbrechen zu 5,

12) Joseph Bernhard sen. wegen desselben Verbrechens zu 4,

13) Jakob Sedelmaier (Moosjackl) wegen Verbrechens der gewerbsmäßigen Hehlerei zu 5,

14) Kreszenz Sedelmaier (Moossenzl) wegen Verbrechens der gewerbsmäßigen Hehlerei zu 5 Jahren Zuchthaus verurteilt.
Das gesetzlich zulässige Maximum der Zuchthausstrafe wurde nicht ausgesprochen."

„Zu einer Gefängnisstrafe wurden verurteilt:
15) Ulrich Schütz wegen Vergehens der Hehlerei zu 1 Jahr 6 Monaten, wovon 160 Tage als getilgt in Abrechnung kommen;

16) Joseph Dersch wegen Vergehens der Hehlerei zu 3 Monaten;

17) Martina Böckle wegen Vergehens der Hehlerei zu 4 Monaten, welche Strafe gänzlich getilgt erscheint;

18) Maria Helf wegen Vergehens der Begünstigung eines Diebstahls zu 2 Monaten Gefängnis".

Von 29 Verbrechen, die der Bande zur Last gelegt wurden, waren nur zehn mit Beteiligung von Georg Müller verübt worden! Er hatte zu dieser Zeit keine Ahnung von dem Prozess und den Beschuldigungen gegen seine Bandenmitglieder. Davon sollte er erst viel später erfahren.

32 Ab nach Amerika

In der Nacht vom 18. auf den 19. Mai 1868, wenige Tage nach seinem Ausbruch aus der Fronfeste in München, kam Müller übermüdet und abgerissen bei seiner Familie in Hörbach an. Er schlief mit seiner Frau, die er seit drei Monaten nicht mehr gesehen hatte, sah zu, dass die Kinder nicht aufwachten und schlich dann im Morgengrauen in den winzigen Stall. Dort war unter einem Heuhaufen, im Fußboden, eine Truhe, in der er einige der gestohlenen Wertgegenstände aufbewahrt hatte. Er nahm sich die „Geldkatze", in der etwa 500 Gulden versteckt waren, das kleine Terzerol, ein gestohlenes Dokument und eine goldene Uhr. Dann ging er in die Küche, steckte einen Laib Brot in seinen Rucksack, zog noch ein paar bessere Kleider an und verabschiedete sich von seiner Ehefrau. Er versprach ihr: „Wenn i in Amerika bi, hol i di hier raus. Dann fang'ma a neis Lebn a, a besseres." Es war 5 Uhr, vom Kirchturm schallte das „Betläuten", das die Bauernfamilien und deren Gesinde zum Morgengebet und zur Arbeit mahnte. Ein letztes Mal hörte er den vertrauten Klang. Er musste aufpassen, dass ihn nicht ein Knecht oder ein Bauer, der zu dieser Zeit in den Stall ging, sah. Nach zwei Stunden Fußmarsch kam er am Bahnhof von Nannhofen an und fuhr mit dem nächsten Zug nach München. Dort kaufte er sich eine Fahrkarte nach Hamburg, wo er nach vier Tagen ankam. Georg fragte sich zum Hafen durch; er ging zu verschiedenen Agenturen, um eine Schiffspassage nach New York zu erhalten.

Nach mehr als einem Monat bekam er endlich eine Fahrkarte auf dem Passagierschiff „Hammonia" der „Hamburg-Amerika-Linie". Zwischenzeitlich verdiente er seinen Lebensunterhalt als Hafenarbeiter. Jetzt war er endlich da, wo ihn keine bayerische Polizei mehr erreichen konnte.

Passagierliste der „Hammonia", rot gekennzeichnet Georg Müller

33 Überfahrt mit der „Hammonia"

Nach nur elf Tagen Überfahrt mit der „Hammonia", einem Segelschiff mit Dampfbetrieb, war Georg am 14. Juli 1868 in New York angekommen. Das relativ neue Flaggschiff der „Hamburg-Amerika-Linie" wog 3035 BRT und war ca. 103 m lang, es war schon mit Dampfkraft ausgestattet und seinerzeit eines der größten deutschen Schiffe. 125 Mann Besatzung kümmerten sich um 678 Passagiere, 58 in der ersten, 120 in der zweiten Klasse und 500 im Zwischendeck. Müller fuhr im billigsten Teil, im Zwischendeck.

Passagierschiff „Hammonia" der „Hamburg-Amerika-Linie"

Die See war ruhig, die Überfahrt ohne Komplikationen. Es war stickig, eng und armselig, doch das war er gewohnt. Kinder plärrten, die Luft war zum Schneiden, er lag mit vielen anderen im Zwischendeck, in kistenförmigen Holzgestellen auf Stroh, nur mit ein paar Decken. Ein paar Burschen aus Bayern spielten auf einem „Fotzhobel" (Mundharmonika) verschiedene bekannte Lieder, zu denen sie auch sangen. Darunter auch das bekannte Auswandererlied „*Jetzt ist die Zeit und Stunde da, Wir fahren ins Amerika*", das ihm besonders in Erinnerung blieb.

„Jetzt ist die Zeit und Stunde da,
Wir fahren ins Amerika;
Der Wagen steht schon vor der Tür,
Mit Sack und Pack marschieren wir.

Ihr Freunde wohl und anverwandt,
Reicht mir zum letztenmal die Hand.
Ihr Freunde, weinet nicht so sehr,
Wir sehn uns nun und nimmermehr.

Und wenn das Schiff am Ufer steht,
So wird ein Liedchen angestimmt,
Wir fürchten keinen Wasserfall,
Wir denken, Gott ist überall.

Und sind wir dann in Baltimore,
So heben wir die Händ' empor
Und rufen dann ‚Viktoria',
Jetzt sind wir in Amerika.

In Amerika, da ist es fein,
Da fließt der Wein zum Fenster rein.
Wir trinken eine Flasche Wein
Und lassen Deutschland Deutschland sein.

Und woll'n wir nun spazieren gehn
Im grünen Wald, wo Blumen stehn,
Da fand ich eine, die das spricht:
‚Blaublümelein, Vergißmeinnicht!'" [28]

Was neu war, waren die Menschen, die er hier kennenlernte; eine andere Welt tat sich für ihn auf. Auf dem Schiff waren Pfälzer, Hessen, Sachsen, Württemberger, Rheinländer und Bayern, Menschen aus Deutschland, denen ihre alte Heimat keine „Heimat" mehr war.

---

[28] Wolfgang Steinitz (ed.), Deutsche Volkslieder demokratischen Charakters aus sechs Jahrhunderten, Berlin, 1979, S. 122

34 Endlich in Amerika

Verschwitzt und müde saß Georg neben seinem Rucksack auf einer der Wartebänke der Einwanderungsbehörde Castle Garden, an der Südspitze Manhattans, New York. Eine ehemalige Konzerthalle, die für die immer zahlreicher kommenden Einwanderer aus dem alten Europa umgebaut wurde. Es war ein rundes Bauwerk, riesig groß, fast wie eine Kirche mit Säulen und Balkonen, wo sich eine Unmenge unterschiedlicher Menschen drängte. Er hatte so etwas noch nie gesehen. Es war der 14. Juli 1868, nachmittags, als der Beamte der Behörde ihm in einer für ihn weitgehend unverständlichen Sprache zu erklären versuchte, dass er die Prüfung nach dem „Immigration Act" bestanden hatte, und ihm ein Papier aushändigte. So viel verstand er, dass er hierbleiben durfte.

Castle Garden um 1860

Georg hatte Durst und Hunger, aber er war froh und glücklich, hier zu sein. Er hatte es geschafft: sein Traum von Freiheit, der ihn seit Jahrzehnten antrieb, hatte sich erfüllt. Freiheit und ein Leben ohne Not waren für ihn mit der Metapher „Amerika" verbunden. Auch wenn seine wirtschaftliche Zukunft so neblig wie ein

Castle Garden um 1860

Blick in das Innere von Castle Garden

Novembertag in seiner alten Heimat am Rande des Haspelmoors war. Er war in seinem Traumland angekommen, für das er alles eingesetzt hatte - weit jenseits der Legalität. Am liebsten hätte er lauthals herausgesungen, das Lied, das er in seiner Jugend so oft in der Kirche gehört hatte: „Großer Gott, wir loben dich …", auch wenn er inzwischen mit der Kirche nicht mehr viel anzufangen wusste.

Georg hatte nun kurz Zeit, über seinen bisherigen Lebensweg nachzudenken. All seine kriminelle Energie, die ihn letztendlich hierhergeführt hatte, rechtfertigte er damit, dass, wenn das Leben, in das man hineingeboren wurde, keine menschenwürdige Existenz zuließ, man das Recht hatte, sich dieses zu nehmen. Endlich raus aus der Armut, der klerikal kontrollierten Enge des bayerischen Flachlandes und der täglichen Erniedrigung. Raus aus der dauernden Verfolgung durch Polizei und Obrigkeit. Er hatte es geschafft, war mit seinen 38 Jahren bei bester Gesundheit und voll Unternehmungsdrang in Amerika angekommen, um sich eine neue Existenz aufzubauen.

35 Manhattan

Voller Elan machte er sich daran, eine Arbeit zu finden und sein neues Leben einzurichten. Zunächst blieb er in Manhattan. Bald fand er eine Arbeit als Hafenarbeiter und auch eine billige Unterkunft in einem heruntergekommenen Mietshaus im Armenviertel „Five Points". Dort waren Deutsche, Italiener, Iren und viele mehr; sie alle waren in der Hoffnung auf ein besseres Leben gekommen. Die meisten verbrachten viele Jahre in den Elendsquartieren New Yorks. Müller hatte es noch etwas besser, er hatte ja noch Geld bei sich, versteckt in einer Geldkatze; das war ein Gürtel mit eingearbeitetem Geldfach, den er am Leib trug und niemals ablegte, auch nachts nicht. Er arbeitete hart beim Löschen der Schiffe im Hafen von New York, denn er hatte ein Ziel vor Augen: Irgendwo in Westen eine kleine Farm zu erwerben, in der er und seine Familie leben könnten. In der wenigen Freizeit

*New York aus der Vogelschau von John Bachmann 1865.
Im Vordergrund Manhattan mit Castle Garden (Rundbau).*

informierte er sich vorsichtig, wie er es anstellen müsse, um seine Familie nachzuholen, ohne dabei etwas von seiner kriminellen Vergangenheit preisgeben zu müssen.

Mit einem etwa gleichaltrigen Pfälzer, er hieß Joseph, war er schon auf dem Schiff ins Gespräch gekommen. Dieser hatte Verwandte in Wisconsin, genauer in Milwaukee; dort, sagte er, wolle er hin. Er riet auch Georg, dort sein Heil zu suchen, denn da lebten viele Deutsche, auch viele Bayern, und es gebe Arbeit. Da komme er auch ohne Amerikanisch durch und da könne er vielleicht eher Arbeit finden als anderswo. Er wisse es, da sein Neffe, der dort lebe, es ihm geschrieben habe.

36 In Chicago

Nach mehr als einer Woche Fahrt mit mehrmaligem Umsteigen auf der „Baltimore & Ohio Railroad" kam Georg in Chicago an. Alles war fremd, auch wenn die Landschaft in der Nähe des Michigan-Sees immer mehr seiner alten Heimat glich. Auf der langen Zugfahrt freundete er sich mit Joseph an. Dieser war ein feingliedriger, schlanker, hochgeschossener Kerl mit einem rötlichen Vollbart. Er lehrte ihn einige englische Vokabeln: Geld - money, Arbeiter - laborer, zu Hause - at home, Brauerei - brewery usw.
Müller erzählte ihm seine Geschichte. Manchmal verstand ihn der Pfälzer nicht, wenn er in seinem breiten lechrainischen Dialekt von „Riahmillibaunzn",[29] von „gstöckelter Milli"[30] oder vom „Mischtbroatn"[31] erzählte. Oder wenn er so vor sich hin räsonierte: „Diamoi hob i ma denkt, des ko do net ois sei!"[32]

Doch sie blieben nicht in Chicago, sie wollten weiter nach Milwaukee, die Stadt mit den meisten Deutschsprachigen. Georg hatte schon zu Hause von Milwaukee gehört. Es hieß, dass etwa ein Drittel der Bevölkerung dort Deutsche seien. Joseph - seinen Nachnamen kannte er nicht - erzählte ihm auch von seiner Heimat und wieso es ihn hierher verschlagen habe. Er war in Landau in der Pfalz in einfachen Verhältnissen aufgewachsen, ging zur Schule und machte dann eine Buchbinderlehre in seiner Heimatstadt. Als Geselle in dieser Buchbinderei konnte er auch manches lesen, was andere nicht zu Gesicht bekamen. Von seinen Kollegen hatte er auch schon etwas von Karl Marx gehört.
Joseph erzählte ihm auch von Konrad Krez. Ihn kannte er aus seiner Jugendzeit in Landau, und ihm war bekannt, dass auch Krez nach Amerika ausgewandert war. Viel mehr wusste er nicht, als er eines Tages ein Gedicht über sein Vaterland in einer Zeitung entdeckte. Dieses Gedicht schnitt er aus und bewahrte es auf. Erst später erfuhr er mehr.
Konrad Krez, geb. 1828 in Landau, war ursprünglich Jurist. Während seines Studiums war er Mitglied einer Burschenschaft geworden, nahm an der Badischen Revolution von 1848/49 teil und wurde hierfür in Abwesenheit zum Tode verurteilt. Er floh als einer der „Achtundvierziger" 1850 in die Vereinigten Staaten, ließ

---

[29] Dampfnudeln mit Buttermilch
[30] geronnene Milch
[31] Mist ausfahren und ausbreiten
[32] Manchmal hab ich mir gedacht, das kann doch nicht alles sein.

sich in Sheboygan am Michigansee als Rechtsanwalt nieder und ist später sogar zum Generalstaatsanwalt aufgestiegen. Krez nahm als Freiwilliger auf Seiten der Nordstaaten am amerikanischen Bürgerkrieg teil und stieg bis zum Rang eines Brigadegenerals auf. Nach Kriegsende nahm er seine Tätigkeit als Jurist wieder auf. Später hat er noch im Bundesstaat Milwaukee Karriere gemacht. Bekannt geworden ist er jedoch als deutsch-amerikanischer Dichter. Krez verfasste in Amerika zahlreiche Gedichte in deutscher Sprache, die in der deutsch-amerikanischen Gemeinschaft verschlungen wurden. Das alles hatte Joseph in einem Buch gelesen, das ihm ein Amerikaner auslieh. Er erzählte Georg auch einiges über Carl Schurz, ebenfalls ein deutscher „Achtundvierziger", der es in Amerika zu großem Ansehen gebracht hatte.

Joseph zog einen zerknitterten Zettel aus seinem Janker hervor. Mit pathetischer Stimme las er das Gedicht *„An mein Vaterland"* von seinem Landsmann Konrad Krez vor:

„Kein Baum gehörte mir von deinen Wäldern,
Mein war kein Halm auf deinen Roggenfeldern;
Und schutzlos hast du mich hinausgetrieben,
Weil ich in meiner Jugend nicht verstand
Dich weniger und mehr mich selbst zu lieben -
Und dennoch lieb ich dich, mein Vaterland!

Wo ist ein Herz, in dem nicht dauernd bliebe
Der süße Traum der ersten Jugendliebe,
Und heiliger als Liebe war das Feuer,
Das einst für die in meiner Brust gebrannt;
Nie war die Braut dem Bräutigam so teuer,
Wie du mir warst, geliebtes Vaterland.

Hat es auch Manna nicht auf dich geregnet,
Hat doch dein Himmel reichlich dich gesegnet.
Ich sah die Wunder südlicherer Zonen,
Seit ich zuletzt auf deinem Boden stand;
Doch schöner als Palmen und Zitronen
Der Apfelbaum in meinem Vaterland.

Land meiner Väter - länger nicht das meine -
So heilig ist kein Boden wie der deine!
Nie wird dein Bild aus meiner Seele schwinden.
…"

Georg fuhr ihm dazwischen: „Her ma doch auf mit deim Vaterland. Es konn mir gstoin bleim, mi hat's ausgspiebn! Weil i meine Leut net durchbringa kinna hab, bin i abghaut. I hob immer bloß de Pfaffn von der Kanzl predign gheert, dass ‚ihr euch in euer Schicksal finden müsst, die Belohnung bekommt ihr im Himmelreich'. I scheiß drauf! De Pfaffn saufn und fressn des Beste vom Besten und mir ham Erdäpfe und Kraut. Bleib mir vom Hals mit deim Vaterland! I mecht lebn und zwar jetza, egal ob mit oder ohne Vaterland. Und des Himmelreich konn wartn."

Nach diesem Wutausbruch diskutierten sie noch eine Zeit lang weiter und stellten letztlich fest, dass sie doch viele gemeinsame Ansichten vertraten. Für Georg bedeutete „Vaterland" eine Gemengelage von Staat und Kirche, eine Obrigkeit, die Hand in Hand zur Unterdrückung der Bevölkerung agierte. Joseph hatte einiges gelesen und gehört von der Selbstbestimmung des Menschen, von Demokratie und von Befreiung aus der Knechtschaft.
Doch dann wandten sie sich wieder konkreteren Plänen zu, denn bald würden sie in Milwaukee sein.

37 Milwaukee

In Milwaukee gab es zahlreiche Brauereien, darunter vier Großbrauereien. Etwas kleiner war die „Munzinger Brewery", sie war von einem Pfälzer gegründet worden. Georg hatte gehört, dass die Arbeiter neben ihrem Lohn auch ein gewisses Quantum Bier bekamen. Dort wollte er hin, als Brauereiarbeiter.

Nach einer Tagesfahrt mit der Eisenbahn kamen er und Joseph in Milwaukee an. Doch er war nicht „vom Fach" und so musste er als Handlanger für die Maurer arbeiten. Arbeit gab es genug, die Brauerei expandierte und baute ein Fabrikgebäude nach dem anderen, und so fand er gleich Beschäftigung als Hilfsarbeiter. Nach einer Woche schrieb er nach Hause, dass er gutes Geld verdiene. Er hatte ja auch noch einiges an Kapital mitgebracht.

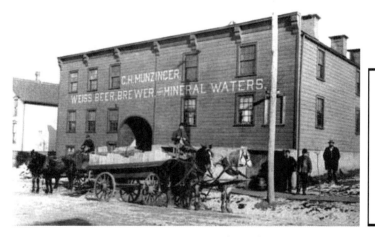

Munzinger Brewery, Milwaukee, um 1890, und Werbeanzeige

Milwaukee gefiel ihm. Das Klima war so, wie er es aus seiner alten Heimat kannte. Aber sonst war nichts wie früher; er war in einer Stadt, in der es aufwärts ging, eine Boomtown, in der es Arbeit gab. Nach der gescheiterten Revolution von 1848 zog es viele enttäuschte und verfolgte Deutsche nach Milwaukee. Georg kam gut zurecht in der Fremde, er hatte viele deutschsprachige Kollegen, mit denen er sich unterhalten konnte. Es gab sechs deutschsprachige Zeitungen und auch einige Biergärten. Manchmal ging er am Sonntag am Ufer des Michigansees spazieren und betrachtete erstaunt die neuesten Dampfschiffe im Hafen. Und es gab einige Kirchen, in die er zwar nicht ging, aber deren vertrauten Glockenklang er gerne hörte, da er ihn an seine alte Heimat erinnerte.

Georg traf sich nun nicht mehr so oft mit Joseph, ihre Wege trennten sich, er befürchtete, dass Joseph ihn verraten könnte, da er doch einiges über seine Vergangenheit wusste. Außerdem fand er sich inzwischen auch schon gut selbst zurecht.

Postkarte von Milwaukee 1872

38 Gerichtsverhandlung daheim

Zurück in die alte Heimat. Nach einem Vierteljahr, am 21. Juni 1869, folgte in Augsburg die Verhandlung gegen den flüchtigen Bandenchef Georg Müller, Gütler von Hörbach. Es wurden ihm zehn Verbrechen des Diebstahls und ein Verbrechen des Totschlags an der Frau des Bauern Ring in Oberlappach sowie der Ausbruch aus dem Gefängnis zur Last gelegt. Er wurde in Abwesenheit für bandenmäßige Diebstahlsverbrechen zur Höchststrafe von 16 Jahren Zuchthaus verurteilt. Erstaunlich ist, dass er nicht zum Tode verurteilt wurde, eine damals übliche Strafe für Mord oder Totschlag. Von all dem bekam er nichts mit, erst viel später erfuhr er davon.

Das Gericht stellte fest, dass *„man trotz aller Nachforschungen bis zur Stunde seiner nicht habhaft werden"* konnte, obwohl auf die Ergreifung Müllers eine Belohnung von 50 Gulden, was zu dieser Zeit dem Wert von zwei Monatslöhnen eines Handwerkers entsprach, ausgesetzt worden war. Auch dieses „Kopfgeld" auf Müller wurde wiederum in allen Gemeinden per Anordnung des Bezirksamts verlesen.
Eine Fahndungsmeldung erschien in zahlreichen Zeitungen.

Georg hielt immer noch Kontakt zu „seinem" Pfarrer Neumair aus Hörbach, da er von diesem Nachrichten aus seiner alten Heimat erhalten konnte. Pfarrer Neumair war ihm immer wohlgesonnen gewesen - der war anders als die vielen anderen selbstgefälligen, hochwürdigen Herren -, obwohl er wusste, dass der Girgl auch einige krumme Sachen machte. Der Pfarrer schrieb ihm von dem Urteil und auch von der steckbrieflichen Suche nach ihm.
Georg musste deshalb auf schnellstem Wege seine Familie nachholen. Von einem Bekannten erfuhr er den Namen eines Agenten in New York, der ihm beim Verkauf seines Häuschens in der alten Heimat behilflich sein könnte. Müller fuhr am Tag darauf mit der Eisenbahn nach New York, um die Formalitäten zu erledigen.

(Den entsprungenen Gefangenen Georg Müller von Hörbach betr.)

Im Namen Seiner Majestät des Königs.

Nachdem es bisher, aller Anstrengungen ungeachtet, nicht gelungen ist, des am 12. Mai v. Js. aus der Frohnfeste zu München entwichenen Georg Müller (vulgo Schwab) von Hörbach, kgl. Bezirksamts Bruck, welcher im hohen Grade sicherheitsgefährlich und einer Anzahl von Verbrechen verdächtig ist, habhaft zu werden, sieht sich die unterfertigte Stelle veranlaßt, für die Ergreifung und Einlieferung desselben eine Belohnung von 50 fl. (fünfzig Gulden) auszusetzen.

Nachstehend wird, unter Bezugnahme auf das Central-Polizeiblatt vom 16. Mai 1868 Nr. 31 Ziff. 2649, das Signalement des Georg Müller mit dem Beifügen bekannt gegeben, daß derselbe, soweit ermittelt werden konnte, unstät im Lande umherzieht, insbesondere aber in den seiner Heimath näher gelegenen Theilen der Regierungsbezirke Oberbayern, dann Schwaben und Neuburg sich herumtreibt.

783

38 Jahre alt, 5′ 10″ groß, kräftig, hat hellbraune Haare, breite Stirn, blaue Augen, große Nase und braunen Schnurrbart.

München, den 26. April 1869.

Königliche Regierung von Oberbayern,

Kammer des Innern.

Frhr. von Zu-Rhein, Präsident.

Vitzthum.

39 Verkauf des Anwesens in Hörbach

Was weder das Gericht noch die Polizei wusste, nämlich, wo sich Georg Müller nach seinem Ausbruch aus der Münchner Fronfeste aufhielt, war dem Hörbacher Pfarrer wohlbekannt. Wenige Tage nach dem ersten Prozess, am 29. März 1869, erhielt die Ehefrau des Georg Müller, durch das Haus M. Jaeger in Mainz, einen Brief mit der Vollmacht ihres Mannes für den Verkauf ihres Anwesens. Der Brief war von einem Notar Otto Schaible in New York ausgefertigt, und vom bayerischen Konsul Johann Georg Heinrich Siemon in New York wurde bestätigt, dass Schaible ein gesetzlich anerkannter gerichtlicher Notar sei. Die Vollmacht wurde am 1. März 1869 ausgestellt.

Maria Müller wurde zu einer Gefängnisstrafe von zwei Monaten wegen Diebstahlsbegünstigung verurteilt *("sie hatte gestohlene Waren von Roßbach auf'm Schubkarren nach Bruck zum Zeller gefahren")*. Nachdem sie die Gefängnisstrafe abgesessen hatte, verkaufte sie ihr Anwesen in Hörbach am 10. August 1869 an den Schmied Max Veit von Hörbach zum Preis von 2400 Gulden.

40 Ausreise der restlichen Familie

Am 25. September 1869 wanderte Maria Müller mit ihren vier Kindern, Theresa (9), Georg (7), Elisabeth (4) und Johann (1/2), mit Genehmigung des königlichen Bezirksamtes Bruck vom 17. September 1869 nach Nordamerika aus. Auch da schöpften die bayerischen Behörden keinen Verdacht, dass sich Müller nun in den Vereinigten Staaten von Amerika aufhalten könnte, sie erhielt die Ausreisegenehmigung ohne Schwierigkeiten.

„Am 25. reiste sie nach München, am 26. in der Früh mit dem Eilzug nach Hamburg, wo sie am 29. mit dem Post- und Dampfschiff Silesia Cpt. Trautmann nach New York abfuhren. Von Hamburg nach New York mußte sie beim Agenter Flossmann in München zusammen 245 fl. 54 kr. (96 fl. 15 kr. für sie, 48 fl. 8 kr. für jedes der drei ältesten Kinder und 5 fl. 15 kr. für das Neugeborene) für das Zwischendeck bezahlen." Am 7. November 1869 (der Brief kam am 1. Dezember 1869 an) schrieb Maria Müller von „Milvagi" (wohl von Milwaukee im Staate Wisconsin, wie Pfarrer Neumair richtig bemerkt) an den Schmied Max Veit, ihr Mann sei zunächst in Chicago gewesen. Nachdem sie nur zehn Tage auf dem Wasser gewesen waren, sei sie nun mit ihrer Familie wieder zusammen.

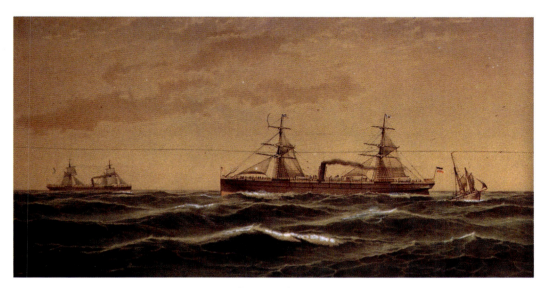

Post- und Dampfschiff Silesia

Weiter schrieb sie, dass sie sich Land kaufen würden - sie bekämen um 25 bis 30 Gulden nach unserem Geld 120 Tagwerk (ca. 40 ha), *"aber lauter Wald und das Holz hat keinen Werth"* - und dass sie hier nicht bleiben und man ihr deshalb nicht schreiben könne.

Der Arm der bayerischen Justiz reichte offenbar noch nicht über den Ozean. Am 8. Januar 1870 schrieb Maria Müller an den Hörbacher Pfarrer unter anderem, dass das neugeborene Kind, Johann Baptist, am 2. Dezember 1869 in Milwaukee gestorben sei. Johann ist am 10. Mai 1869 geboren, wurde also nur etwa ein halbes Jahr alt. Wenn man vom Geburtsdatum zurückrechnet, so muss er etwa Anfang August 1868 gezeugt worden sein - er hatte wohl einen anderen Erzeuger, denn Georg Müller war zu diesem Zeitpunkt schon in Amerika.

Einen Vermerk Pfarrer Neumairs im Familienbuch der Pfarrei Hörbach in Lateinisch und Griechisch (!), dass sich Müller nun „Pätzinger" nenne, widerruft er im nächsten Eintrag. Danach soll er sich nun Johann Müller nennen - *„Pätzinger soll ein anderer sein"*. Vielleicht sagt uns diese verschlüsselte Bemerkung, dass die bayerische Justiz Müller auf der Spur war, da alle übrigen Eintragungen im Familienbuch in Deutsch vermerkt sind. Dennoch kam nichts auf.

Auszug aus dem Familienbuch der Pfarrei Hörbach:
„Nomen ejus in nova tura Πέτζινγκερ esse dicitur."

„Sie ziehn dahin auf blauen Meereswogen,
warum verlassen sie ihr Heimatland?
Man hat sie um ihr Leben schwer betrogen,
die Armut trieb sie aus dem Vaterland.
Schauet auf, ihr Unterdrücker,
schauet auf, ihr Volksbetrüger,
seht eure besten Arbeitskräfte fliehn,
seht, wie sie über's große Weltmeer ziehn ..."

Auswandererlied nach einer Aufzeichnung
im Deutschen Volkslied-Archiv Freiburg

41 Namensänderung, ein Neuanfang

Georg kramte das Papier, das er bei seiner Abreise eingesteckt hatte, hervor. Es war ein Pass für einen Johann Pätzinger, den er bei dem Einbruch im Pfarrhaus in Dasing mitgenommen hatte. Jetzt erinnerte er sich an seinen Arbeitskollegen im „Moos", der ihm von seinem Besuch beim Pfarrer von Dasing erzählt hatte. Für ihn lag beim Pfarrer der Pass bereit, den er für die Auswanderung brauchte. Dieser Johann Pätzinger ist in Dasing aufgewachsen, jedoch finden sich nach einem Eintrag über seine Firmung (1838) keine weiteren Nachweise (Heiratseintrag, Sterbeeintrag) für ihn, weder in Dasing noch in der Umgebung. Der Pass befand sich unter dem Diebesgut, das Müller und Konsorten beim Raub der persönlichen Habe des verstorbenen Pfarrers Magnus Huber von Dasing am 25./26. März 1866 erbeuteten. Johann Pätzinger wollte auch auswandern, kam aber nicht mehr dazu, aus welchen Gründen auch immer.

Da das Geburtsjahr und die sonstige Beschreibung in etwa auch auf ihn passten, nannte sich Müller, sobald seine Familie wieder bei ihm war, John Betzinger, was ihn und die Seinen auch vor eventuell drohenden Nachforschungen der bayerischen Behörden schützen sollte. Mit dem illegal erworbenen Pass konnte er relativ leicht eine neue Identität annehmen, denn ein Pass aus dieser Zeit enthielt lediglich den Namen, Geburtstag und -ort und eine vage Personenbeschreibung, ohne eine Abbildung. Auf jeden Fall verhalf er ihm nun, ein neues Leben in den Vereinigten Staaten zu begründen. Er und seine Familie waren jetzt Amerikaner. Dies war auch gut so, denn sonst hätte er, wenn er noch zu Hause gewesen wäre, als Soldat in den Krieg ziehen müssen. Bayern war inzwischen in den Krieg mit Frankreich eingetreten. Für den Girgl war es ein Neuanfang, ja eine Neugeburt, was sich auch durch den neuen Namen ausdrückte. Die amerikanische Bürokratie machte hierbei keine Probleme.

In der ersten Hälfte des 19. Jahrhunderts benötigte man für die Ausreise nach den USA einen Pass. Der Reisepass galt für die beantragte Auswanderung und den direkten Weg zu einem Hafen. Mit der Auswanderung verlor man die bayerische Staatsbürgerschaft und konnte nicht mehr zurückkehren. Dies änderte sich erst 1854; ab dieser Zeit konnte die bayerische Staatsangehörigkeit beibehalten werden bis zum Erwerb der amerikanischen Staatsbürgerschaft. Illegale Auswanderer mussten bis 1862 mit der vollständigen Einziehung bzw. der vorübergehenden Pfändung ihres Vermögens rechnen. Ab 1868 galt grundsätzlich das Recht auf

Auswanderung, es durfte niemandem verwehrt werden. Es waren auch keine besonderen Reisedokumente mehr nötig. Vielleicht trugen damit die Behörden der Tatsache Rechnung, dass eine nicht unerhebliche Anzahl von Auswanderern das Land illegal verließ – man geht davon aus, dass jeder vierte illegal auswanderte.

Somit war es für Müller kein unüberwindliches Hindernis, ohne Papiere auf ein Schiff nach Amerika zu kommen. Auch die Einreise in New York dürfte ihm keine großen Probleme bereitet haben. In der Einwanderer-Aufnahmestation Castle Garden – Ellis Island wurde erst 1890 eröffnet – musste der Einwanderer nur seinen Namen, Alter und Herkunft angeben und seine Reisedokumente vorzeigen, sofern er solche besaß. Wesentlich mehr interessierte die Aufnahmebehörde, ob der Einwandernde keine ansteckenden Krankheiten hatte, dass er nicht über 60 Jahre alt war und dass er genügend Bares bei sich hatte, sodass er dem Staat nicht zur Last fallen würde. Es bestand also zur Zeit seiner Einreise für Georg keine Notwendigkeit, seinen Namen zu ändern, zumal es auch schwierig gewesen wäre, ihn unter den Hunderten von Müller, Miller oder Muller ausfindig zu machen. Auch den nachfolgenden Immobilienverkauf in seiner alten Heimat hätte er nicht einfädeln können, wenn er zu diesem Zeitpunkt schon Pätzinger geheißen hätte.

42 La Crosse am Mississippi

In Milwaukee wohnte Georg in einer kleinen Wohnung in der Nähe der Brauerei. Sie war aber nun zu klein für seine Familie, er musste sich eine neue Bleibe suchen. Außerdem wollte er lieber in einem Häuschen mit eigenem Garten leben. Von einem Arbeitskollegen erhielt er den Tipp, dass in den aufstrebenden Städten am Mississippi Arbeiter gesucht würden und auch die Städte noch eher ländlich geprägt seien. So zog er mit seiner Familie um 1870 von Milwaukee nach La Crosse am Mississippi.

La Crosse war zu dieser Zeit eine Kleinstadt mit ca. 10 000 Einwohnern. Der ursprüngliche Name der Stadt war Prairie La Crosse, eine Handels- und Versorgungsstation französischer Händler am Mississippi, die im 17. Jahrhundert als erste Weiße in die Region kamen. Der Name geht auf das ursprünglich von den Indianern betriebene Ballspiel Lacrosse zurück.

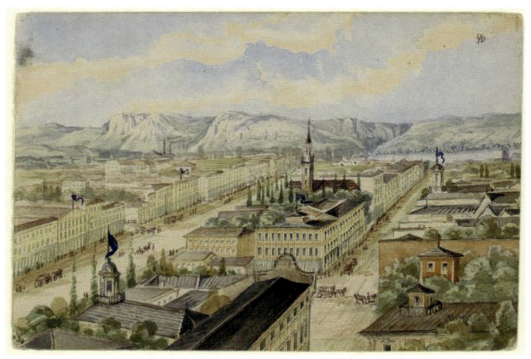

La Crosse, April 1860
Franz Hölzlhuber (1826-1898, oberösterreichischer Maler und Musiker,
der von 1855-1860 in Milwaukee wohnte)

Es war eine sehr junge Stadt, sie wurde erst 1856 gegründet. Zu dieser Zeit waren große Gruppen von europäischen Einwanderern in dieser Gegend sesshaft geworden. Die größte Gruppe waren deutsche Katholiken, die aus Süddeutschland stammten, sowie einige Lutheraner aus Norwegen. Aber gegenüber Milwaukee war es eine biedere Kleinstadt ohne eigenen Charakter.

Als Georg dann am Ufer des gewaltigen Mississippi stand, war er überwältigt: Was für ein Fluss! Dort erwarb er ein kleines Häuschen mit Garten.

Auch hier gab es einige Brauereien. In der „G. Heileman Brewing Company" fand er gleich Arbeit.

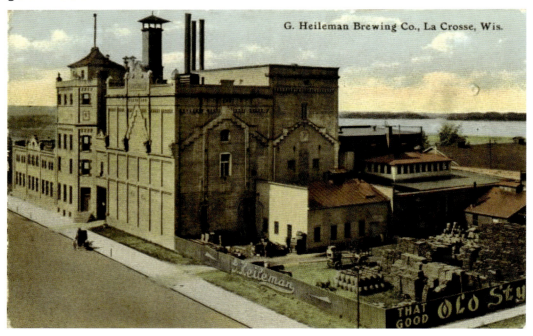

Fabrik der G. Heileman Brewing Company, La Crosse

Da in Amerika keine Meldepflicht bestand, wurde alle zehn Jahre eine Volkszählung durchgeführt. Beim „Census 1870" tauchen nun die Müllers als Betzinger mit den Familienmitgliedern John, Mary, Theresa, George und Elisabeth in La Crosse, Wisconsin, auf. Der Familienvater nannte sich nun „John Betzinger", Beruf: „Labourer", also Arbeiter, der Wert des Immobilienbesitzes betrug 500 $. Das heißt, er hatte dort Wohneigentum erworben. Im Adressbuch von 1870 (La Crosse City Directory) ist er verzeichnet: *„Betzinger John, lab, res n w c Badger and Twelfth."* Der Eintrag besagt, dass er und seine Familie im Nord-Westen von La Crosse in einem Haus an der Ecke Badger-Street - Twelfths-Street wohnten. Mitbewohner waren seine Ehefrau Maria und seine drei Kinder.

Er und seine Familie bewohnten ein einfaches Haus, dass er erworben hatte. Auf einer Postkarte von 1867 ist das Haus am linken Bildrand zu sehen.

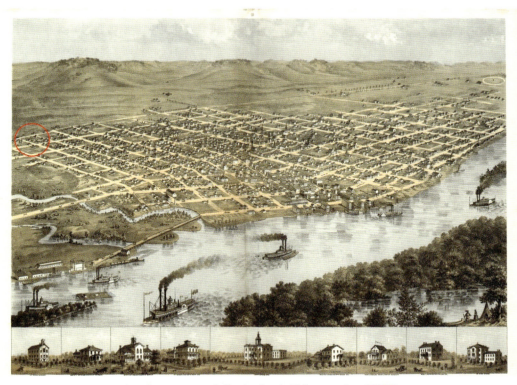

La Crosse am Mississippi, Wisconsin, 1867

Ausschnitt mit Häusern, von denen eines den Betzingers gehörte

Abends nach der Arbeit ging er manchmal ans Ufer des Mississippi in der Nähe des Hafens und schaute den prächtigen Steamboats (Raddampfern) voll Wehmut nach. Aus der Ferne hörte er leise Musik, es war eine kleine Melodie, wohl auf einer Mundharmonika gespielt. John erinnerte sich an seine Überfahrt über den Ozean. Er hörte nur Liedfetzen: „... *Jetzt ist die Zeit und Stunde da, Wir fahren ins Amerika ... Mit Sack und Pack marschieren wir ... Und sind wir dann in Baltimore, So heben wir die Händ' empor und rufen dann Viktoria, jetzt sind wir in Amerika. In Amerika, da ist es fein ... Da fließt der Wein zum Fenster rein. Wir trinken eine Flasche Wein Und lassen Deutschland Deutschland sein.*" Schmunzelnd dachte er: „Naja, das mit'm Wein hat ja nicht so hing'haun!" Dann verklang das Lied im Mississippi mit dem herannahenden Steamboat „Princess" im lauten Stampfen und Platschen der Schaufelräder ....

Dampfschiff-Rennen auf dem Mississippi, 1870

43 Letzte Nachricht vom Girgl/John

Die letzte Nachricht von Georg Müller, alias John Betzinger, findet sich wiederum im Familienbuch der Pfarrei Hörbach. Dort schreibt Pfarrer Neumair, dass Müller in Amerika Handlanger bei einem Maurer war und täglich fünf Gulden verdiente (ein für die damaligen Verhältnisse beachtlicher Taglohn, wenn man den üblichen Taglohn eines bayerischen Hilfsarbeiters von maximal einem Gulden gegenüberstellt). Besagter Maurer und dessen Ehefrau übernachteten am 30. September 1872 beim Wirt in Hörbach. *„Sie wurden ersucht, sich beim Schmied zu erkundigen, ob die Mutter der Müller noch lebe."*
Die Mutter von Maria Müller - jetzt Mary Betzinger -, Maria Anna Schöpf, geb. Schrodt, war kurz zuvor im Alter von 77 Jahren verstorben. Ihr Sohn, der Postbote Augustin Schöpf, ein Halbbruder von Maria Müller, teilte dem Schmied Max Veit mit, dass die Mutter Maria Anna Schöpf am 8. August 1872 in Deisenhofen gestorben sei und in Oberhaching beerdigt wurde.

Danach findet sich nichts mehr von unserem Girgl und seiner Familie. Im Adressbuch von 1876 wie auch beim nächsten Census von 1880 findet sich kein Hinweis mehr auf diese Familie in La Crosse. Wo John und Mary verblieben sind, wissen wir nicht, in den USA findet sich nach 1870 kein amtlicher Eintrag mehr in den Akten. Möglicherweise sind die beiden ins nahe Kanada ausgewandert oder bereits in den neunziger Jahren gestorben. Wo sie zuletzt lebten und beerdigt wurden, konnte nicht festgestellt werden.

44 Die Familie des Sohnes in Menominee

Erst einige Jahre später taucht nun wieder die Familie Betzinger auf, allerdings ohne John und Mary. Die nächste Generation, der Sohn George mit seiner Familie, lebt nun nicht mehr in La Crosse, sondern etwa 250 Meilen (ca. 400 km) weiter nordöstlich in Marinette im Bundesstaat Wisconsin. Dort heiratet er am 23. April 1889 Mathilde Gokey. Marinette ist die Zwillingsstadt von Menominee, nur durch den Fluss Menominee River getrennt, im Bundesstaat Michigan. Die Städte liegen an der Green Bay, einer langen Ausbuchtung des Lake Michigan. Die Familie zog es wieder an den Michigansee, nur etwa 170 Meilen (ca. 270 km) nördlich von Milwaukee. Im Census von 1910 wurden als Bewohner in Menominee Ward 5 in der Stephenson Avenue der Familienvater George (48), seine Ehefrau Matilda (36) und seine Kinder George (17), Belle (15), Alexander (5), Raymond (4) und Joseph (1) genannt. Später kamen noch Lucille, Evelyn und Marcell hinzu. Ferner hatten sie noch die bereits verheiratete Tochter Lillian Anderson und deren Tochter Joyce. George arbeitete als Waldarbeiter in der staatlichen Holzindustrie.

Rund um Menominee gab es ausgedehnte Wälder mit wertvollen Weißkiefern. Diese gehörten zum Reservat des indigenen Volkes der Menominee. Der Holzverkauf war lukrativ, sodass die Holzindustrie versuchte, größere Waldstücke von den Indianern zu erwerben. Obwohl das „Bureau of Indian Affairs" (BIA), also das „Amt für indianische Angelegenheiten", das sich um die Belange der Indianer und deren Reservate kümmern sollte, mit Zustimmung des US-Kongresses den Verkauf befürwortete und Druck auf die Indianer ausübte, weigerten sich die Menominee konsequent, ihre Wälder für die industrielle Nutzung freizugeben. Um 1880 lehnte der Stamm den „General Allotment Act" (Allgemeines Zuteilungsgesetz) rigoros ab, in dem die Verteilung des Stammeslandes an seine Angehörigen gefordert wurde. Mit allen Mitteln versuchten die Regierungsbehörden, die Menominee unter Druck zu setzen, um in den Besitz der ausgedehnten Wälder zu kommen. All diese Bemühungen scheiterten letztendlich, und unter der Aufsicht der Regierung nahmen die Menominee 1872 ihr eigenes Stammessägewerk in Betrieb, das in direkter Konkurrenz zu privaten amerikanischen Holzunternehmen in der Region stand. Wisconsins Holz war bald verschwunden und die Holzbarone zogen weiter, aber die Menominee blieben. Sie starteten 1908 ein Programm zur nachhaltigen Ernte, um ein Einkommen für zukünftige Generationen zu sichern. Das Unternehmen war ein Erfolg und wurde zur Haupteinnahmequelle der Menominee.[33]

George Betzinger senior um 1910

---

[33] MENOMINEE HISTORY© http://www.dickshovel.com/men.html

Vogelflugansicht von Menominee und Marinette und ein Menomineekrieger aus der Mitte des 19. Jahrhunderts

Menominee ist eine Kleinstadt am Ufer des Lake Michigan, etwa 200 km nördlich von Milwaukee. Sie ist der Verwaltungssitz des Menominee County im Bundesstaat Michigan. Die Stadt wie auch das County haben ihren Namen von dem Indianerstamm der Menominee. Ob die Betzingers noch einige Vertreter dieser indigenen Bevölkerung kennenlernten, ist nicht bekannt.

Die Stadt hatte 1880 etwa 3000 und zehn Jahre später bereits über 10 000 Einwohner. In dieser Zeit erfolgte ein enormes Bevölkerungswachstum, ausgelöst durch mehrere Zellstofffabriken, die damals dort entstanden sind. Auch der Hafen expandierte, dort fand George Betzinger Arbeit.

Er ist am 3. Mai 1926 im Alter von 64 Jahren in Menominee gestorben und liegt im „Riverside Cemetery" begraben, nicht weit von seinem Wohnhaus entfernt. Nach den amtlichen Papieren soll er bis zu seinem Tode kein Englisch gesprochen haben, obwohl er seit seinem sechsten Lebensjahr in Amerika lebte. Er hatte neun Kinder, darunter auch den Sohn George jr., sowie 18 Enkel und 18 Urenkel. Außerdem hatte er zahlreiche Geschwister. So leben auch heute noch zahlreiche Nachfahren vom Schwobn-Girgl, alias Georg Müller, alias John Betzinger, in den USA.

Grab von George Betzinger sen. und seiner Frau Mathilda Betzinger

45 Zum Schluss: eine Standortbestimmung

Die Aufklärung muss um diese Gegend einen Bogen gemacht haben. Die Dörfer im Schatten des Habichtsberges, des großen Eichen- und Buchenwaldes, der einst dem Herzog gehörte und heute Haspel heißt, diese Dörfer tragen noch heute ihr Stigma im Namen. Hyrwa, das heutige Hörbach, bedeutet so viel wie „die Leute, die im Sumpf leben". Althegnenberg, ursprünglich Hegnenberg oder „haginiberch", heute zu „Henaberg" geschrumpft, trägt seine Ausgrenzung im Namen: der eingehegte Berg. Gemeint war der mit einer Dornenhecke und einem Graben und Wall „eingehegte" Burgberg, der im Spätmittelalter nur noch eine Burgruine und ein verlottertes Dörfchen umfasste. Hier regierten noch 200 Jahre nach Kant Aberglaube, Bigotterie, Obrigkeitshörigkeit, um es im Sinne von Carlo Levi zu sagen: Kant kam nicht bis Hennaberg und Hyrwa.

Dort gab es in den 50er und 60er Jahren des vorigen Jahrhunderts noch keine Bösewichte wie Batman, Dracula oder Fantomas, wir hatten noch reale Teufel vor Augen, wenn es ums Böse ging. Und die grausigen Qualen in der Hölle und im Fegefeuer, die uns immer wieder drastisch von Pfarrern und sonstigen ehrenwerten Personen geschildert wurden, geisterten durch unsere Träume. Dass diese Höllenqualen wenige Jahrzehnte vorher Millionen Mitmenschen real durchlitten hatten, verursacht von Teufeln in der Regierung und von ihren Helfershelfern, biederen Beamten und Soldaten, die sich auf ihre unaufgeklärte Bevölkerung verlassen konnten, wussten wir damals noch nicht.

An den christlichen Hauptfesten waren noch andere Symbolfiguren als im übrigen Lande zugange: an Ostern brachte nicht der Osterhase, sondern der Gockel die Ostereier und vor und an Weihnachten gab's Geschenke und Ermahnungen vom heiligen Nikolaus und nicht vom Santa Claus. Und Weihnachten war der Tag des Christkinds und nicht des Weihnachtsmannes. Wir waren noch nicht globalisiert, auch nicht germanisiert, ja nicht einmal bajuwarisiert: Wir waren ein wilder Stamm, der in den Niederungen, Sümpfen und Wäldern in der Nähe des Lechs übrig geblieben ist.

Ein Volksschlag mit einer sparsamen Sprache, die jede Silbe zu viel einsparte: Diminutive wurden nur mit einem kurzen „-la" gebildet: Stiala (Stühlchen), Köbla (Kälbchen), Hiala (Hühnchen) usw. Hier zählte man die Tage noch nach Nächten; vorgestern hieß „vornäacht". So gut wie kein einigermaßen Gebildeter ist hier hängen geblieben oder gar aus dieser Ecke erwachsen. Erst mit 200-jähriger Verspätung kamen in den späten 60er Jahren des 20. Jahrhunderts einige Lichtstrahlen der Aufklärung bei uns an.

Und trotzdem: Hier ist meine Heimat mit all ihren Schönheiten und Schattenseiten. Hier bleibe ich und hadere nicht, bis ich hinausgetragen werde aus diesem Haus in ein anderes. Oder wie es Bert Brecht ausdrückte: ... die Kälte der Wälder wird in mir bis zu meinem Absterben sein.

Bei den Klimakatastrophen, die kommen werden, werde ich hoffentlich meine Halbe Bier nicht schal werden lassen durch Bitterkeit. Ich, T.D., ins Digitalzeitalter verschlagen aus den schwarzen Wäldern in meiner Mutter in früher Zeit. (frei nach B.B.)[34]

---

[34] Bei den Erdbeben, die kommen werden, werde ich hoffentlich meine Virginia nicht ausgehen lassen durch Bitterkeit. Ich Bertold Brecht, in die Asphaltstädte verschlagen aus den schwarzen Wäldern in meiner Mutter in früher Zeit. (Original B.B. Hauspostille, 1916-1925.)

Müller Georg, Biographie
(gesicherte Daten, ohne Kriminalgeschichte)

Datum	Ereignis
18.04.1830	Geburt des Georg Müller in Ried
23.11.1859	Heirat mit Maria Schrott in Hörbach
18.05.1860	Geburt des außerehelichen Sohnes Bernward in Mittelstetten
18.10.1860	Geburt der Tochter Theresia
04.04.1862	Geburt des Sohnes Georg
08.07.1865	Geburt der Tochter Elisabeth
13.06.1867	Geburt des Sohnes Anton, gest. 02.07.1867
13.05.1868	Ausbruch aus der Fronfeste München
14.07.1868	Wahrscheinliche Ankunft Müllers in New York. Überfahrt mit der MS Hammonia von Hamburg
01.03.1869	Vollmacht ausgestellt (siehe unten). Mindestens seit diesem Zeitpunkt war Müller in New York.
24.03.1869	1. Prozess, Verurteilung der Ehefrau zu 2 Monaten Gefängnis
29.03.1869	Schreiben von M. Jaeger in Mainz an Maria Müller mit der Vollmacht ihres Mannes für den Verkauf ihres Anwesens. Der Brief war von Notar Otto Schaible in New York ausgefertigt und vom bayerischen Konsul Johann Georg Heinrich Siemon in New York bestätigt.
10.05.1869	Geburt des Sohnes Johann Baptist

21.06.1869	Verurteilung zu 16 Jahren Zuchthaus in Abwesenheit
10.08.1969	Verkauf des Anwesens Hörbach Nr. 11
25.09.1869	Auswanderung von Maria Müller mit 4 Kindern, Abfahrt vom Haspelmoor nach Hamburg
06.10.1869	Ankunft in New York
07.11.1869	Brief aus Milwaukee, Familie wieder zusammen
02.12.1869	Tod des Sohnes Johann Baptist, gestorben in Milwaukee, USA
08.01.1870	Schreiben an Pfarrer Neumair in Hörbach
08.06.1870	Beim „Census 1870" tauchen die Müllers als Betzinger mit den Familienmitgliedern John, Mary, Theresa, George und Elisabeth in La Crosse, Wisconsin, auf. Der Familienvater nannte sich nun „John Betzinger", Beruf: „Labourer", Wert des Immobilienbesitzes 500 $.
30.09.1872	Arbeitskollege von Müller beim Wirt in Hörbach
1889	Die Familie Betzinger erscheint nun in Menominee, Michigan, am Lake Michigan etwa 200 km nördlich von Milwaukee.

Übersichtskarte mit den verschiedenen Wohnorten der Familie Betzinger in den USA

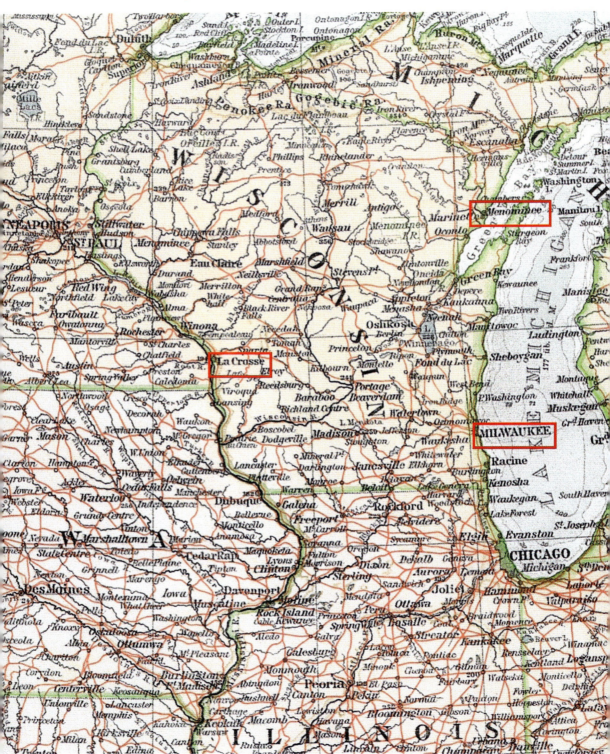

Literatur und Quellen

Ungedruckte Quellen:

Auszug aus einem Schreiben von Pfarrer Jakob Kellner von Hochdorf an das Bischöfliche Ordinariat Augsburg vom 22. Oktober 1855, die Wochenmessen in Hörbach betreffend. Bistumsarchiv Augsburg, Pfarrei Hörbach.

„Beschreibung der Gemeindegrenze, Rechte und Gerechtigkeiten der liegenden Güter und Besitzungen der Gemeinde Hörbach", angefertigt im Jahre 1859, Bistumsarchiv Augsburg, Pfarrei Hörbach.

Interview mit Xaver Wolf, geb. 9.7.1902 vom 11.1.1986. Bisher unveröffentlicht.

Literatur:

DREXLER, Toni, **Kinder, Kinder ... Kindheit und Jugend in früherer Zeit im Brucker Land.** Textheft zur gleichnamigen Ausstellung vom 10.3.– 4.4.1986 in der Sparkasse Fürstenfeldbruck. Fürstenfeldbruck 1986.

DREXLER, Toni, **Das Anwesen beim Schmied in Hörbach.** Geschichte einer Dorfschmiede. Katalog zur Ausstellung vom 12. bis 26. September 1993 im Schmiedanwesen Hörbach. Hörbach 1993.

DREXLER, Toni, **Häuserbuch von Althegnenberg und Hörbach.** In: Toni Drexler, Angelika Fox (Hg.): Althegnenberg – Hörbach. Beiträge zur Geschichte der Gemeinde Althegnenberg. St. Ottilien 1996, S. 301 - 438.

DREXLER, Toni, **Leben in einem Hofmarksdorf vom 16. bis 18. Jahrhundert.** In: Toni Drexler, Angelika Fox (Hg.): Althegnenberg – Hörbach. Beiträge zur Geschichte der Gemeinde Althegnenberg. St. Ottilien 1996, S. 65 – 85.

DREXLER, Toni, **Die Schmiede in Althegnenberg.** 550 Jahre Schmiede, 400 Jahre in Besitz der Familie Ostermeir Althegnenberg. Hörbach 2001, 35 Seiten.

DREXLER, Toni, **Geistliche Wilderer.** In: Drexler, Toni u. Jakob, Reinhard (Hg.): Im Wald da sind die Räuber, Kneißl, Hiasl & Co. Räuberromantik und Realität. Textheft und Katalog zur gleichnamigen Sonderausstellung im Bauernhofmuseum Jexhof. Jexhof-Heft Nr. 18, Fürstenfeldbruck 2002.

DREXLER, Toni,: **Hüthaus – Armenhaus.** Die Behausung der Hirten im Brucker Land, In: Reinhard Jakob (Hg.): Cowboy und Hitamadl. Hirten zwischen Texas und Dünzlbach. Jexhof-Heft 22, Fürstenfeldbruck 2006.

DREXLER, Toni, **Die Rasso-Räuber.** Vom Finsterbach zum Mississippi. Eine der letzten großen Räuberbanden Bayerns im 19. Jahrhundert. München 2007, 132 Seiten.

DREXLER, Toni, **Die medizinische Versorgung der Torfarbeiter im Haspelmoor: Dr. Franz Xaver Enzensberger (1803-1873).** In: Nassenhausen - ein Dorf im Maisachwinkel, Hg. Arbeitskreis Chronik Nassenhausen, 2013, S. 16-21.

DREXLER, Toni, **Bahnbau durchs Haspelmoor.** In: Anna Ulrike Bergheim / Holger Riedel (Hg.), 175 Jahre Eisenbahn München - Augsburg, Das Buch zum Festjahr und seinen Ausstellungen. Maisach 2015, S. 55-60.

DREXLER, Toni, **Torf für die Bahn.** In: Anna Ulrike Bergheim / Holger Riedel (Hg.): 175 Jahre Eisenbahn München - Augsburg, Das Buch zum Festjahr und seinen Ausstellungen. Maisach 2015, S. 61-68.

DREXLER, Toni, **Das Haspelmoor.** Geschichte(n) einer Landschaft und ihrer Bewohner. Augsburg 2018, 280 Seiten.

FOX, Angelika, **Die Schule in Althegnenberg** (S. 169 ff) und **Die Schule in Hörbach** (S. 183 ff). In: Toni Drexler, Angelika Fox (Hg.): Althegnenberg – Hörbach. Beiträge zur Geschichte der Gemeinde Althegnenberg. St. Ottilien 1996.

FRIED, Pankraz, **Die Landgerichte Dachau und Kranzberg**, Historischer Atlas von Bayern, Heft 11/12, München 1958.

FRIED, Pankraz, HIERETH, Sebastian, **Landgericht Landsberg und Pfleggericht Rauhenlechsberg**, Historischer Atlas von Bayern, Band 22/23, München 1971.

HOBSBAWN, Eric, **Sozialrebellen.** Archaische Sozialbewegungen im 19. und 20. Jahrhundert, Gießen 1979.

JAKOB, Reinhard/ DREXLER, Toni, **„Ist ein arm Hirtt und khann darbey nichts ersparen."** Die rechtliche, wirtschaftliche und soziale Stellung der Hirten. In: Reinhard Jakob (Hg.): Cowboy und Hitamadl. Hirten zwischen Texas und Dünzlbach. Jexhof-Hefte 22, Fürstenfeldbruck 2006.

KRAUS, Gotthard, Altbrucker Bauernhochzeit (aus den vergilbten Blättern eines ehemaligen Hochzeitsladers), in: Historischer Verein für den Bezirk Fürstenfeldbruck, Jubiläums-Festschrift 1903 - 1828, Fürstenfeldbruck 1928, S. 17 ff.

LIEBL, Anton J., **Die Privateisenbahn München Augsburg (1835-1844)**. Entstehung, Bau und Betrieb. Ein Beitrag zur Strukturanalyse der frühen Industrialisierung Bayerns (= MBM 103), München 1982.

LUTZ, Kosmas, **Der Bau Der Bayerischen Eisenbahnen Rechts Des Rheines**. München 1883.

MÜLLER, Rainer A. (Hg), **Aufbruch ins Industriezeitalter**. Bd. 2. Aufsätze zur Wirtschafts- und Sozialgeschichte Bayerns 1750 - 1850. München 1985.

SPINDLER, Max, **Handbuch der bayerischen Geschichte**, Bd. IV. Das Neue Bayern. Von 1800 bis zur Gegenwart, Staat und Politik, 2. Teilband V. Bayerns Gewerbe, Handel und Verkehr (1806-1970) von Wolfgang Zorn.

STEICHELE, Anton, **Das Bisthum Augsburg**, historisch und statistisch beschrieben. Bd. II. Augsburg 1864,

WEICHSELGARTNER, Alois J.: **Wer ko, der ko. Kraftmenschen aus Altbayern und Schwaben.** München 1971.

Dem Girgl seine Leit

1. Müller Anton (Hütertoni), led. Maurer, Ried Lg. Friedberg
2. Schütz Albert, led. Regenschirmmacher, Langenneufnach Lg. Krumbach
3. Habel Ludwig, („Landkrämer Linder und Maier"), Staudenberg Lg. Mindelheim
4. Schütz Maria, Schwester d. Albert Schütz, led. Regenschirmmacherstochter, Langenneufnach Lg. Krumbach
5. Kistler Georg (Schmelzgirgl) led. Gütlerssohn, Bachern Lg. Friedberg

6. Schneider Franz (Preußenfranzl), led. Dienstknecht, Bachern Lg. Friedberg
7. Müller Theodor (Baron Wilhelm), led. Revierjägerssohn, Deubach Lg. Zusmarshausen
8. Sedelmaier Joseph (Preußensepp), led. Häusler Bachern Lg. Friedberg
9. Rehm Johann, verh. Schmied, Nassenhausen Lg. Bruck
10. Rasch Anton (Maurertoni), led. Maurer, Hörbach Lg. Bruck

11. Bernhard Joseph jun. (Wechselschuster), verheirateter Taglöhner, Adelshofen Lg. Bruck
12. Bernhard Joseph sen., verwitweter Schuhmacher und Maulwurffänger, Adelshofen Lg. Bruck
13. Sedelmaier Jakob (Moosjackl), Torfsticharbeiterseheleute, Mooshäusl Lg. Friedberg
14. Sedelmaier Crescenz (Mooszenzl), Mooshäusl Lg. Friedberg
15. Schütz Ulrich, verh. Söldner, Itzlishofen Lg. Schwabmünchen

16. Dersch Joseph led. Austrägler Hörbach Lg. Bruck
17. Böckle Martina led. Taglöhnerin Itzlishofen Lg. Schwabmünchen
18. Helf Maria, verh. Taglöhnerin, Königsbrunn Bezirksamt Augsburg
19. Müller Maria, Ehefrau v. Georg Müller, Hörbach Lg. Bruck
20. Müller Georg, Schwabengütler von Hörbach, Hörbach Lg. Bruck

Ortsverzeichnis

Ort	Landkreis	Beschreibung
Adelshofen	FFB	1158/62 „Adelungshoven" vom Namen „Adalunc"[1]
Althegnenberg	FFB	In 11. Jh. hieß der Ort „haginiperc", das sich auf den im Ort befindlichen Burgberg bezieht auf dem die kleine Turmhügelburg der Hegnenberger stand. Um 1300 verließen sie ihren angestammten Sitz ihre neue Burg Hofhegnenberg. Aus Hegnenberg wurde nun Althegnenberg.
Andechs	STA	
Augsburg	A	
Bachern	AIC-FDB	1229 „Bachen"- bei den Leuten am Bach[2]
Baindlkirch	AIC-FDB	802 ist in „Paldilinkirka" eine Kirche erwähnt[3]
Behlingen	GZ	
Bergkirchen	FFB	1315 „Perchirchen" (Kirche auf dem Berg)[4]
Birkenfeld	PF	
Birkland	WM-SOG	
Bobingen	A	
Bruck (= Fürstenfeldbruck)	FFB	1078/91 „Brucke" [5]
Burgau	GZ	
Dasing	AIC-FDB	828 „Tegesinga"[6]
Deisenhofen	M	
Deubach	A	
Dietmannsried	OA	
Dürabuch	FFB	1177 „Tyrenbuch"[7] (Das kleine Dorf Buch)
Eurasburg	AIC-FDB	1270 „Erespurch"[8]
Eurasburg	AIC-FDB	
Friedberg	AIC-FDB	
Fürth	FÜ	
Gessertshausen	A	
Grafrath	FFB	1132/73 „Capella que sita est in loco Werde" (Kapelle, die in „Werde" gelegen ist), 13. Jh. „Razzo comes ...cenobium... Werde construxit"[9]
Hamburg	H	
Hanshofen	FFB	Mundartl. „Hossof" 1287 „Hanshoven" von Hans
Haspelmoor	FFB	Der Ort entstand erst durch den Bahnbau München-Augsburg um 1853 und leitet sich von dem angrenzenden Moor ab.

Hattenhofen	FFB	„Hattanhoua" 1066/70 in einer Urkunde des Hochstifts Brixen[10]
Heinrichshofen	LL	1085 „Heinricheshoven"[11]
Hochdorf	AIC-FDB	1083 „Hohendorf" mundartl. *„Hoadorf"* Nach der Lage des Dorfes[12]
Hohenschwangau	OAL	
Hörbach	FFB	Im Mittelalter hieß der Ort „Hurewin" (von „horwec" = sumpfig), später bis etwa 1850 „Hürben", erst danach wurde daraus Hörbach
Ingenried	WM-SOG	
Itzlishofen	A	
Jesenwang	FFB	773 „Osinuuanc" (Wiese des Osi/Oaso)[13]
Kaufbeuren	KF	
Kemnat	GZ	
Königsbrunn	A	
Krumbach	GZ	
Landsberg/Lech	LL	
Lauchdorf	OAL	
Merching	AIC-FDB	1121 „Mantechingen" von dem Personennamen Mandicho[14]
Mering	AIC-FDB	1021 „Moringa"[15]
Meringerzell	AIC-FDB	1167 „Cella m. Moringen" = Sitz des Pfarrers[16]
Mindelheim	MN	
Mittelstetten	FFB	Vor 788 wird in einer Tradition Herzog Tassilos in „Moutilstat" erwähnt, ca. 1158/59 „Mutelstetten" (Wohnstatt des Moutilo)[17]
München	M	
Nannhofen	FFB	
Nassenhausen	FFB	814 „Husir" (Hausen), 1357 „Nazzenhawsen"[18]
Niederndorf	MN	
Nürnberg	N	
Oberhaching	M	
Oberlappach	FFB	Ersterwähnung im 12. Jh.[19]
Oberottmarshausen	A	
Oberschönefeld	A	
Oberschweinbach	FFB	1158/59 Otto de Swainpach[20]
Oberweikertshofen	FFB	12. Jh. „Wicfideshoven" von dem Personennamen Wicfrid[21]
Ottobeuren	MN	

Pfaffenhofen	FFB	1126/27 „Pfaffanhouan" (bei den Höfen des Pfaffen/Pfarrerrs)[22]
Pforzheim	PF	
Puchheim	FFB	948/57 „Puohheim" (Dorf am Buchenwald)[23]
Ried	AIC-FDB	Ried = Rodung, 1270 „Riede"[24]
Roßbach	AIC-FDB	957 „Rossepach"[25]
Rottbach	FFB	791 „Rotapach"[26] (Rot schimmernder Bach)
Sirchenried	AIC-FDB	773 „Sunihinga" Personenname[27]
Sixtnitgern	DAH	1712 in den Büchern „sichs nit gern". Solch waldversteckte Winkel bot mancher dunkler Gesellschaft Unterschlupf.[28]
Spielberg	FFB	Im 12. Jh. Spil- oder Spileberch, mhd. spiegel „Warte" (Aussichtsberg)[29] oder Burg des Pullin
Staudenberg	A	
Sulzemoos	DAH	
Traunstein	TS	
Türkheim	MN	
Unterpfaffenhofen	FFB	
Weilheim	WM	
Wenigmünchen	FFB	1300 „in minori monacu" (bei den wenigen Mönchen)[30]
Weyhern	FFB	1365 „vest zu Egenhoven u. die hofstat auf dem weiher"[31]
Wies-Steingaden	WM-SOG	
Wolfertsschwenden	MN	

In Amerika:

Town	County
New York	New York
Milwaukee	Wisconsin
Chicago	Illinois
Sheboygan	Wisconsin
La Crosse	Wisconsin
Marinette	Wisconsin
Menominee	Michigan

1. Wallner 1058
2. Wallner 422
3. Wallner 823
4. Landkreisbuch 1992, S. 611
5. Landkreisbuch 1992, S. 582
6. Wallner 376
7. Wallner 1311
8. Wallner 1359
9. Landkreisbuch 1992, S. 600
10. Hattenhofen S. 151
11. Wallner 1001
12. Wallner 753
13. Landkreisbuch 1992, S. 611
14. Wallner 366
15. Wallner 295
16. Wallner 536
17. Landkreisbuch 1992, S. 634
18. Nassenhausen S. 22
19. Wallner 1333
20. Landkreisbuch 1992, S. 644
21. Wallner 1017
22. Landkreisbuch 1992, S. 611
23. Landkreisbuch 1992, S. 611
24. Wallner 1279
25. Wallner 483
26. Wallner 104
27. Wallner 1224
28. Wallner 851
29. Wallner 1368, Landkreisbuch 1992, S. 644
30. Wallner 556
31. Wallner 1381

DAS HASPELMOOR

Geschichte(n) einer Landschaft und ihrer Bewohner
von Toni Drexler, Siegfried Hagspiel, Robert Hoiss

Wißner-Verlag, 18 EURO, ISBN 978-3-95786-176-4

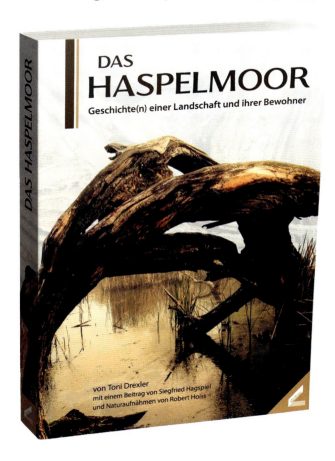

Es gibt nur wenige Kleinräume, die so reich an Geschichte aus allen Epochen sind, wie das Haspelmoor! Die Themen reichen von den ältesten Steinzeitfunden der Region und frühen Kultivierungsversuchen über die erste spektakuläre Durchquerung eines Moores beim Bau der Eisenbahn München-Augsburg bis zu einer florierenden Industrieanlage für Torf als Isoliermaterial. Von den harten Lebensbedingungen der Menschen erzählen Berichte über die Torfarbeiter, das Kriegsgefangenenlager für russische Gefangene und die verheerende Bombardierung am Ende des Zweiten Weltkriegs.

Pankraz Fried

DER LECHRAIN -
Eine historische Heimatkunde

Pankraz Fried hat sich in den vergangenen rund 50 Jahren viele Verdienste um die bayerische Landesgeschichtsforschung erworben, speziell auch um die Erforschung seiner eigenen Herkunftsregion. In dieser ist Fried tief verwurzelt, und dieser Landstrich wurde viele Male zu seinem wissenschaftlichen Forschungsgegenstand.

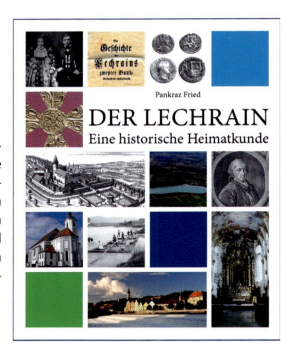

Der schwäbische Bezirksheimatpfleger Dr. Peter Fassl schreibt in seinem Vorwort u.a.: „Hier wird fächerübergreifend eine Landeskunde des Lechrains geboten, die Sprache, Politik, Wirtschaft, Kirchengeschichte, Volkskunde, Architektur und Kunstgeschichte der Region von Schongau im Süden über Landsberg und Friedberg bis Rain am Lech im Norden umreißt und mit persönlichen Erinnerungen und Erlebnissen verbindet. Gerade dieser bayerisch-schwäbische Grenzraum gab und nahm von beiden Seiten und entwickelte damit ein eigenes Gepräge. Pankraz Fried schreibt die Geschichte des Lechrains in der Tradition von Johann Georg von Lori, Joseph von Hazzi, Karl Frhr. von Leoprechting, Peter Dörfler und vielen anderen fort, gedankenreich, anschaulich, liebevoll und gelehrt in einer für Wissenschaftler seltenen Weise, die zum Lesen einlädt."

BAUER-VERLAG, ISBN 978-3-941013-99-5, 20 EURO
192 Seiten, vierfarbig, Hardcover, Format 23 x 28

Ernst Meßmer

GRAF RATH
Nachruf auf einen Mann, dem die Identität genommen wurde

Wer war der Mann, der sich hinter dem Ortsnamen Grafrath verbirgt? Vor hundert und mehr Jahren war Graf Rath noch ein fester Begriff, nicht nur bei den Menschen in Grafrath und Umgebung, sondern in ganz Ober- und Niederbayern, Schwaben und Tirol. Tausende von Wallfahrern suchten Jahr für Jahr das Grab dieses Mannes auf. Heute ist Graf Rath nur noch als Ortsname in aller Munde, die Person ist aus dem Bewusstsein der Menschen verschwunden.

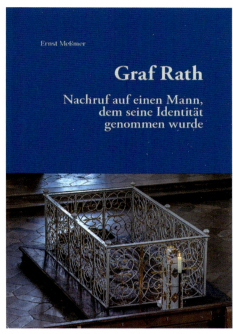

BAUER-VERLAG, ISBN 978-3-95551-123-4
272 Seiten, vierfarbig, Hardcover, Format DIN A5, 12 EURO

Isolde Schuster

DER VERMISSTE VATER

75 Jahre nach Kriegsende öffnet die Tochter die verschlossenen Akten der Eltern und erfährt bisher unbekannte Details. Warum kollaborierte der Bauernsohn mit den Nazis? Die Spuren führen zu Heinrich Himmler persönlich in den Chiemgau und zum geheimen Plan der NS-Regierung, ein Tanklager im Münchner Westen für den angestrebten Krieg zu bauen. Der spannende Tatsachenbericht zeigt die NS-Vergangenheit eines Mitläufers, eines „kleinen Mannes", der großen Führern glaubte und folgte. Die Fakten wurden viel zu lange verschwiegen und verdrängt.

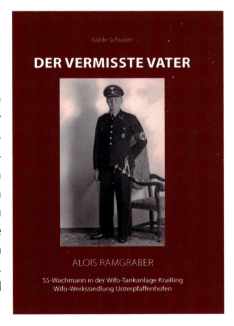

BAUER-VERLAG, ISBN 978-3-95551-121-0, 18,50 €
280 Seiten s/w, Hardcover, Format 17 x 24

Maren Martell

STEGE 2.0 HIMMEL_SEE. SEHNSUCHT

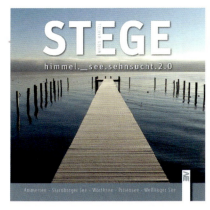

Stege laden zum Verweilen ein, lösen Emotionen aus, Stege sind Sehnsuchtsorte am See. Die Journalistin Maren Martell hat die Boots-, Bade- und Anlegestege in der oberbayerischen Fünfseenregion fotografiert. Stege im orangen Licht der Morgensonne, in Nebel gehüllt, schneebedeckt mit glitzernden Eiskristallen, überflutet bei Hochwasser oder im „Karibikzauber" des Sommers. Für diesen Bildband lud sie Menschen am Ammersee, Starnberger See, Wörthsee, Pilsensee und Weßlinger See ein, ihre Gedanken, Erinnerungen oder Anekdoten zum Wasser, zum See oder zur Sehnsucht am Wasser, See oder Steg aufzuschreiben.

Für die nun zweite erweiterte Auflage dieses Buches hat Maren Martell weitere Menschen an den Seen eingeladen, einen kleinen literarischen Beitrag zu leisten - unter ihnen die Schauspielerin Marianne Sägebrecht, der Schriftsteller Gerd Holzheimer, der Kabarettist Josef Brustmann, die Opernsängerin Juliane Banse, der Musiker Leslie Mandoki, der Schauspieler Peter Weiß, die Singer-Songwriterin Maggie Jane, der Philosoph Prof. Cornelius Mayer-Tasch und die Jazz-Ikone Klaus Doldinger. Sie alle haben ihre eigenen Assoziationen zu den Stegen im Fünfseenland.

BAUER-VERLAG, ISBN 978-3-95551-153-1, 192 Seiten, vierfarbig, Hardcover, Format 23x23, 24.00 EURO

Peter Nasemann

DER LECH IM GEBIRGE

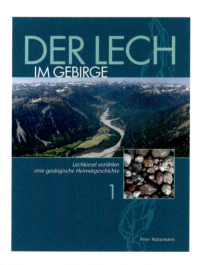

„Erleben Sie Atolle, Riffe, Riesenmuscheln, Wüsten oder Saurier!" Dies sind keine Ankündigungen aus einem Reisekatalog. Am Lech werden solche Erscheinungen lebendig. Vom Ursprung im Lechquellengebirge bis zum Austritt aus dem Gebirge bei Lechbruck durchfließt der Lech verschiedene geologische Landschaften.

BAUER-VERLAG, ISBN 978-3-95551-009-1, 176 Seiten, vierfarbig, Hardcover Format 21 x 28 cm, € 29.00